Moira Gatens

모이라 게이튼스 / 조꽃씨

<컴북스이론총서>는
현대를 호흡하는 사상가들을 소개합니다.
단순한 사상의 축약, 해제가 아닙니다.
해당 사상가를 연구해 온 전문가가 직접
사상가의 핵심 키워드 10개를 뽑아 해설하고 비평합니다.
인간과 비인간, 현실과 가상, 문화와 야만의
경계를 넘나드는 모든 사상을 싣겠습니다.
오늘을 살아가는 모든 이의 나침반이 되겠습니다.

컴북스이론총서

모이라 게이트스

조꽃씨

대한민국, 서울, 커뮤니케이션북스, 2024

모이라 게이튼스

지은이 조꽃씨
펴낸이 박영률

초판 1쇄 펴낸날 2024년 12월 18일

커뮤니케이션북스(주)
출판 등록 제313-2007-000166호(2007년 8월 17일)
02880 서울시 성북구 성북로 5-11
전화 (02) 7474 001, 팩스 (02) 736 5047
commbooks@commbooks.com
www.commbooks.com

ISBN 979-11-7307-538-4 04100

책값은 뒤표지에 표시되어 있습니다.

스피노자와 페미니즘

모이라 게이튼스(Moira Gatens, 1954~)는 호주의 여성 철학자이자 페미니즘 이론가다. 게이튼스에게서 우선 눈길을 끄는 점은 그가 수십 년에 걸쳐 지속적으로 펴낸 스피노자 연구물들이다. 제너비브 로이드(Genevieve Lloyd)와 ≪집단적 상상: 스피노자, 과거와 현재(Collective Imaginings: Spinoza, Past and Present)≫(1999)를 공동 저술했고 ≪스피노자에 관한 페미니즘적 해석(Feminist Interpretations of Benedict Spinoza)≫(2009)을 편집했다. 2010년 네덜란드 암스테르담대학교에서 '스피노자 석좌교수'라는 직책을 맡아 진행한 강연들은 ≪스피노자의 자유를 향한 험난한 길(Spinoza's Hard Path to Freedom)≫(2011)로 출간되었다. 스피노자가 현대에 미치는 영향력을 재해석하며 스피노자 사상의 수용 범위를 확장했다고 할 만한 작업들이다.

그러나 게이튼스는 단순히 스피노자 연구자로만 한정할 수 없다. ≪페미니즘과 철학: 차이와 평등에 관한 관점(Feminism and Philosophy: Perspectives on Difference and Equality)≫(1991), ≪상상적 신체: 윤리학, 권력, 신체성(Imaginary Bodies: Ethics, Power and Corporeality)≫(1996)을 저술했고, 앨리슨 맥키넌(Alison MacKinnon)과 ≪젠더와 제도: 복지, 노동, 시민권(Gender and Institutions: Welfare, Work and Citizenship)≫(1998)을 공동 편집했다. 게이튼스가 꾸준히 개진해 온 페미니즘 이론은 그의 작업에서 또 다른 축을 이룬다.

이처럼 게이튼스 철학의 가장 두드러진 특징은 스피노자와 페미니즘 사이의 만남을 주선한다는 데 있다. 이 만남은 다소 낯설게 느껴진다. 스피노자의 철학을 스피노자와 완전히 다른 맥락에 적용하는 것은 부적합해 보이기 때문이다. 스피노자가 저술 전체에서 성차를 언급한 것을 다 세어 봐야 열 차례 정도뿐이다. 현대 페미니즘을 논의하며 굳이 17세기 남성 철학자에게로 거슬러 올라가야 할까. 현대 정치는 급변해 왔고, 이전에는 보기 어려웠던 번뜩이는 여성 철학자들이 활약하고 있다. 그러나 게이튼스가 주선한 이 만남에는 특별한 이유가 있다.

기이한 마주침

과거의 철학자를 현재의 재료로 삼는 데는 두 가지 방식이 있을 수 있다. 하나는 현재의 우리가 과거로 가 그 의미를 재발견하는 것이다. 당시 해석되지 못한 스피노자의 현재성이란 무엇일까? 다른 하나는 거꾸로 과거의 사상가를 현재로 소환해 우리의 대화자로 삼는 것이다. 스피노자는 현재 페미니즘에 어떤 이야기를 들려줄 수 있을까?

그런데 게이튼스는 스피노자와 페미니즘을 대면시키며 양자를 쇄신한다는 점에서 양자를 단순히 상호 관계 맺게 하는 작업을 넘어서는 길을 추구한다. 예컨대 현대 정치철학의 성취를 자양분 삼아 스피노자의 상상 개념에 필수적이고 중심적인 역할을 부여하기도 하고, 스피노자 철학에서 제시된 자유와 해방에 이르는 길을 페미니즘에 적용해 권리·자유·권력에 관해 새로운 사고를 펼치기도 한다. 이러는 가운데 스피노자와 페미니즘은 서로를 변용하고 서로에 의해 변용된다.

게이튼스 자신은 이러한 작업들이 계보학적 접근에서 비롯되었다고 말한다. 계보학은 오늘날 우리가 어떻게 지금의 모습이 되었는지 이해하고 현재를 다르게 생각하기 위해 현재를 형성한 힘을 추적하는 역사학이다. 게이튼스는 이를 잘 포착한 질 들뢰즈(Gilles Deleuze)의 말을 인용한다. "사유는 자신의 고유한 역사(과거)를 사유하지만, 그것은 오직 자신이 사유하고 있는 것(현재)에서 스스로를 해방해 마침내 다르게 사유(미래)하기 위함이다."(들뢰즈, 2019: 202)

게이튼스가 현재의 페미니즘을 위해 과거의 스피노자를 사유하는 것은 결코 스피노자로 회귀하는 것이 아니다. 오히려 지금까지 실현되지 않은 사고의 가능성을 발굴하기 위해서다. 게이튼스는 스피노자를 현재적으로 만드는 동시에 페미니즘의 돌파구를 마련한다. 이는 수동적으로 하나를 다른 하나에 반영하는 것이 아니라 둘 모두를 능동적으로 재구성하는 것, '미래의 시간'을 위한 것이다. 게이튼스는 2011년에 공개된 인터뷰에서 이렇게 말한다. 이전에는 서로 연결되지 않았던 두 저자를 연결할 때 "기이한 일이 일어나고, 이 관계가 새로운 사유의 가능성을 불러일으킬 것이라는 희망이 생긴다. 이 저자들은 대개 함께 묶이거나 함께 생각되지 않았기 때문에 우리는 새로운 것을 생각할 수 있다."(Gatens & Douglas, 2011: 79)

게이튼스는 스피노자와 페미니즘의 만남이라는, 그 자체로 독특한 만남을 상상하려 한다. 이는 우리에게 어떤 전환을 선사할 수 있을까? 과거의 스피노자를 통해 우리의 현재는 어떻게 다르게 사유될 수 있을까? 더 나아가 어떻게 건설적이고 비판적인 미래를 만들 수 있을까?

스피노자의 상상

게이튼스는 스피노자 철학을 페미니즘에 적용할 때 상상(imagination) 개념을 교량으로 삼는다. 상상을 스피노자의 중심 개념으로 격상하고 상상의 필연적이고 긍정적인 역할에 주목한다는 점에서 게이튼스는 정통적 해석을 벗어난다. 게이튼스가 보기에 상상은 인간 인식의 결함이 아니라 인간의 역량 발전을 가능하게 할 잠재력이다. 인간이 번영하는 데 필수적 요소인 상상은 페미니즘에 새로운 관점을 제공할 수 있다. 상상은 정신과 신체, 개인과 집단, 인간의 권력, 자유와 책임에 대한 대안적 사고방식을 제시하는 출발점이 될 수 있다.

스피노자는 '합리론자'로 알려져 있다. 실제로 스피노자의 ≪윤리학(Ethica)≫은 정념 제어와 이성적 판단을 통해 자유로 향하는 길을 제시하는 저작이다. 이 길은 상상이라는 낮은 인식 단계에서 자연의 질서를 이해하는 높은 수준의 인식 단계로 발전하는 데 놓여 있다. 하지만 ≪윤리학≫은 인간의 미덕과 행복에 관한 저작인 동시에 신체의 취약성과 힘에 관한 연구서이기도 하다. 상상은 부분적이거나 손상된 인식으로, 인식 발전의 장애물로 볼 수 있다. 그렇다고 상상이 단순한 무지나 환상인 것은 아니다. 상상은 이성적 사고를 위해 폐기되어야 하기보다는 오히려 이성의 힘을 발전시키기 위해 성찰해야 할 대상이다. 상상은 혼란을 주는 인식인 동시에 구성적 인식이기도 하다는 점에서 이중적 지위를 띤다.

상상이 정확히 무엇이기에 이러한 모호한 입지를 취할 수 있는 것일까? 스피노자는 상상을 다음과 같이 정의한다. "인간 신체의 변용들을 우리는 실재들의 이미지라고 부르는데, 이것들의 관념은 외부 물체를 마치 우리에게 현존하는 것처럼 표상한다.… 정신이 이런 방식으로 바라볼 때 우리는 정신이 상상한다고 말한다."(≪윤리학≫ 2부 정리 17의 주석) 인간의 인식은 외부 물체가 나의 신체를 변용하는 데서 시작한다. 이러한 변용으로 나의 신체에 생기는 흔적이 이미지며, 이러한 이미지에 대한 관념이 바로 상상이다. 상상은 나의 신체에서 기인하는 불가피한 인식이다. 예컨대 태양이 나의 신체를 변용하는 원리에 따라 나는 태양이 이백 걸음 떨어져 있다고 상상한다. 이는 물론 거짓된 인식이다. 하지만 실제 거리를 알게 된다고 해도 상상은 사라지지 않는다. 오히려 상상은 우리 신체와 태양의 본성 그리고 그 변용에 대한 사실을 알려 준다. “우리 신체가 태양에 의해 변용되는 한에서 우리 신체의 변용은 태양의 본질을 함축한다.”(≪윤리학≫ 2부 정리 35의 주석) 오류는 단순히 상상에 있는 것이 아니라 상상하는 원인을 우리가 알지 못하는 데 있다. 우리는 드넓고 근절할 수 없는 상상의 요소 속에서 살아간다.

상상이라는 단어의 통상적 쓰임새와 스피노자의 상상 개념은 의미가 다르다. 게이튼스는 스피노자의 상상 개념이 물질적이고 정서적이고 사회적이라고 해석한다(Gatens & Lloyd, 1999: 11). 그리고 각각을 페미니즘을 다각화하는 데 활용한다. 신체를 기각한 젠더 개념을 비판하고, 여성에 대한 특정 이미지가 수치심 등의 정서와 결합하는 방식을 밝히고, 성차별적 상상의 역사적 재구성 가능성을 논한다. 상세히 살피면 다음과 같다.

첫째, 스피노자의 상상은 물질적이다. 상상은 순수 관념적이거나 공상적인 것과 거리가 멀다. 상상은 신체적 인식과 다름없다. 상상을 통해 정신은 즉각적 방식으로 신체를 대상으로 삼는다. 외부 물체들이 인간의 신체에 남긴 변용들을 정신이 인식한다는 점에서 인간의 정신을 구성하는 관념의 대상은 실존하는 인간의 신체다. 여기서 정신과 신체를 한 실체의 서로 다른 속성들의 양태로서 평행적으로 다루는 스피노자의 독특한 관점이 드러난다. 그렇다면 상상 개념은 그 자체로 정신과 신체의 결합을 수반하고 있다고 말할 수 있다. 당연히 신체가 정신에 비해 격하되지도 않는다.

게이튼스는 신체의 물질성이 기각된 젠더 개념을 이러한 맥락에서 비판한다. 이때 '젠더'란 체현된 물질적 흔적이 없는 정신의 사회적 구성물을 뜻한다. 하지만 신체를 경유하지 않는 관념이란 없으며, 신체란 항상 특정한 맥락에 삽입되어 있다는 점에서 이미 상상되어 있다. 전(前) 사회적이거나 전 역사적인 자연 그대로의 신체는 존재하지 않는다. 역사적으로 신체는 성별화된 것으로 상상되어 왔으며, 그 신체의 가치와 의미는 사회적으로 매겨지고 해석된다. 남성 신체와 여성 신체는 다른 신체들과의 관계 속에서 개인적이고 사회적으로 상상된다. 남성 신체와 남성 신체 이미지의 연결 또는 여성 신체와 여성 신체 이미지의 연결은 필연적이지 않지만 임의적이지도 않다. 성별화된 신체에 따른 완전성 또는 불완전성을 상상하는 일은 권력 관계 형성으로 이어질 수 있다. 예컨대 게이튼스는 근대 정치체, 군대, 법원, 치안 조직 등의 '신체'가 남성 신체 이미지를 재현하며, 남성의 가치와 역량을 반영한다고 본다. 이러한 조직체는 여성 신체 이미지와 불합치하게 구조화되었다는 점에서 여성 신체를 배제한다. 신체에 대한 상상이 실제적이고 물질적인 효과를 불가피하게 초래하는 것이다.

둘째, 스피노자의 상상은 정서적이다. 스피노자는 정서를 다음과 같이 정의한다. "나는 정서를 신체의 행위 역량을 증대하거나 감소하고 촉진하거나 억제하는 신체의 변용들이자 동시에 이러한 변용들에 대한 관념들로 이해한다."(≪윤리학≫ 3부 정의 3) 내 신체를 변용한 외부 물체는 나에게 이롭거나 해롭다. 내 신체에 이롭고 내 존재를 보존하는 데 기여하는 것은 기쁨을 주고, 내 신체에 해롭고 내 존재를 방해하는 것은 슬픔을 준다. 따라서 외부 물체가 내 신체를 변용한 이미지에 대한 관념인 상상은 내 신체가 지닌 행위 역량의 증대와 감소로서 정서를 함축한다.

게이튼스는 전통 철학에서 무시되어 왔던 이미지와 정서를 부각해 스피노자 철학의 핵심 개념으로 해석한다. 페미니즘 실천에서도 이미지와 정서는 중요한 역할을 한다. 여성 신체에 대한 특정 이미지는 여성을 불완전하거나 부분적인 것으로 재현한다. 이는 여성 신체의 행위 역량을 위축시키고 수치심, 불쾌함, 혐오 등의 정서를 유발한다. 예컨대 포르노그래피가 여성 신체의 이미지를 남성 욕망의 대상으로 표현하는 방식은 개별 여성의 자기 신체 온

전성에 대한 인식에 손상을 입힐 수 있다. 드루실라 코넬(Drucilla Cornell)은 여성의 포르노 이미지가 일상에서 노출되는 상황이 신체적 강압을 수반하지는 않지만 상상적 영역에서 여성의 권리를 침해한다고 말한다. 여성의 특정 이미지는 여성의 성을 부끄러운 것, 여성을 인격적 가치가 없는 존재로 묘사한다(Cornell, 1995: 147-148).

스피노자에 따르면 "인간이 상상에 의해 스스로 할 수 없다고 상상하는 것은 실제로 할 수 없다. 그가 이것 또는 저것을 할 수 없다고 상상하는 한, 그는 그것을 하도록 규정되지 않으며 결과적으로 그것을 하는 것은 불가능하다"(≪윤리학≫ 3부 정서의 정의 28의 해명). 낙담이라는 상상적 정서는 실제로 개인의 역량을 깨닫지 못하게 한다. 이러한 작용의 영향은 개인적일 뿐 아니라 사회적이다. 여성의 불완전한 이미지는 구조적으로 조작되며, 이러한 구조가 불러일으키는 정서 속에서 성별들 간 권력의 차이는 정치적으로 구성된다.

셋째, 스피노자의 상상은 사회적이고 역사적이다. 스피노자의 신체는 근본적으로 주변 환경에 개방되어 있다. 신체는 끊임없이 다른 신체들에 의해 구성되고 조직된다. 정신은 자신의 신체뿐 아니라 자신과 마주치는 다른 신체들에 대해서도 관념을 지닌다. "인간의 신체는 수많은 신체를 필요로 하며 그 신체를 통해 지속적으로 재생된다." (≪윤리학≫ 2부 정리 19의 증명) 여기서 형성된 이미지와 상상은 집단적으로 공유된다는 점에서 사회적이다. 또한 신체적 인식은 현재뿐 아니라 과거에 우리 신체에 작용했던 신체의 권력을 포함한다는 점에서 역사적이다. 상상은 개인을 시간적·공간적·정서적으로 묶는 사회관계를 형성한다. 개인의 신체뿐 아니라 집단의 신체 역시 상상을 통해 정체성과 주체성을 지닌다. 신체들은 사회적으로 또 역사적으로 형성 과정 중에 놓이기에 그 역량과 의미 역시 다양하고 가변적이다.

게이튼스는 개인들을 하나로 묶는 상상의 강력한 역할에 주목한다. 이러한 사회적 상상은 개인에게 정체성을 부여하고 제도를 안정시킨다. 따라서 게이튼스는 현재 사회의 상상적 메커니즘을 이해하려 한다. 현재 여성의 모습, 여성과 남성의 성적 차이는 어떻게 상상되는가? 이러한 상상은 사회화된 기관의 역할 그리고 권력과 어떻게 공조하는가? 신체에 대한 상상은 사라질 수 없으며 단지 재협상될 수 있을 뿐이다. 게이튼스는 사회적 상상과 이를 뒷받침하는 제도적 장치를 비판하면서 현재의 사회관계를 변화시킬 방식을 모색한다. 현재 사회적으로 공유되는 지배적 이미지들이 신체와 그 활동의 종류들에 부여하는 가치의

크기는 비대칭적이다. 그렇다면 시간과 맥락에 따라 체현된 신체들 사이의 다른 관계들을 구축해 나가는 것이 관건이 될 것이다. 게이튼스는 사회적으로 또 역사적으로 상상을 재구성하는 것이 현재의 상상적 신체 구성에 책임을 다하며 향후 상상적 신체의 자유에 기여하는 일이라고 본다.

게이튼스의 논의는 디지털 기술과 소셜미디어의 발달로 광범한 연결망을 통해 수많은 이미지와 상징을 공유하게 된 오늘날과 잘 들어맞는다고 할 수 있다. 한편으로 여성 혐오 이미지가 쉽게 퍼지고 온라인 채팅방을 통해 성 착취가 이루어진다. 다른 한편으로 이에 맞선 대항 이미지 그리고 미투 운동과 같은 담론이 세계적 차원에서 구성되고 있다. 게이튼스는 이러한 이미지 그리고 이미지가 일으키는 정서의 집합이 법, 제도, 기관 등에 의해 지탱되며 권력을 발휘하는 방식을 분석한다. 이러한 분석이 곧 우리 자신과 타자 그리고 공동체를 이해하고 변화시키는 출발점이라 믿기 때문이다.

이 책의 구성

이 책은 게이튼스의 주요 개념 열 가지를 서술한다.

1장 "사회적 상상계"에서는 게이튼스가 스피노자의 상상 개념에서 착안한 '상상계' 개념을 다룬다. 드넓은 생활세계를 이루는 상상계는 우리의 주체성을 구성하고 인식과 행동 방식을 규정한다. 다양한 상상계들은 상호 연계돼 현행 제도를 유지하는 데 복무함으로써 개인의 행위성을 제약하기도 하지만, 서로 모순을 일으킴으로써 개인에게 저항의 기회를 제공하기도 한다. 게이튼스의 상상계는 내재적이면서도 역동적인 개념이다. 따라서 이 장에서는 이데올로기나 일의적 세계관과 다른 게이튼스의 상상계 개념의 특이성을 살피고 대항 상상계의 구축 방식을 모색한다. 상상계는 주체의 이성과 의지보다는 관계적이고 상황적인 배경을 중시하는 통념이다. 그렇다면 상상계 내에서 주체의 지위는 어떻게 설정될 수 있을까?

2장 "관계적 행위성"에서는 여성의 주체성을 고찰한다. 게이튼스는 자유주의적 인간관에 따른 여성의 자율성 개념에 기대지 않는다. 게이튼스가 새롭게 정의한 여성의 행위성은 여성이 속한 사회적이고 정치적인 맥락과 함께하는 관계적 개념이다. 이 장에서는 호주 원주민 중년 남성이

미성년 여성과 맺은 정략결혼 사례를 다루며 여성의 행위성을 평가하는 방식을 논한다. 여기서 중요한 것은 서로 다른 상상계들이 상충하고 있고 그 갈등과 분열이 행위성의 또 다른 양상을 창출한다는 점이다.

3장 "성적 명예 규범"에서는 성적 상상계가 주체들을 성별화하고 서로 다른 성적 규범을 작동시키는 방식을 다룬다. 현재 이성애의 비호혜적 관계를 지배하는 성적 규범을 밝히고 이를 재구성할 방법을 모색한다. 여기서 흥미롭게 언급될 수 있는 사례가 해시태그 미투 운동이다. 게이튼스는 미투 운동을 기존 남성의 성적 명예 규범을 어지럽히고 여성의 성적 명예 규범을 새롭게 창조하는 시도로 본다. 이렇게 보면 현재 인터넷상에서 벌어지고 있는 다양한 성적 혐오, 모욕, 미러링 등은 성적 명예 규범을 둘러싼 상상들의 전투로 재조명할 수 있다.

4장 "신체 페미니즘"에서는 게이튼스가 이른바 '신체 페미니스트'로 분류되는 까닭을 살펴본다. 게이튼스에 따르면 세계는 인간이 만든 관념과 인식으로 구성된 것이 아니다. 게이튼스는 물질적 신체를 기각하지 않을 뿐 아니라 항상 신체에서 출발한다. 게이튼스의 철학은 스피노자의 신체관에 빚지고 있으며, 물질과 자연을 다시 고찰하는 신유물론과 관심사를 공유한다. 게이튼스는 여성의 신체와 성차를 바라보는 두 가지 관점, 소위 '평등 페미니즘'과 '차이 페미니즘'이 갇혀 있는 거짓 딜레마를 지적한다. 게이트스는 둘 중 하나가 아니라 둘 모두를 감싼다. 이 장에서는 이를 게이튼스의 주저 제목이기도 한 '상상적 신체'라는 일종의 문턱 개념으로 포착한다.

5장 "섹스 젠더 구별을 넘어"에서는 섹스와 젠더 개념이 신체와 정신의 근대적 이분법을 다시 반복하는 데 지나지 않다는 사실을 밝힌다. 젠더 열풍과 탈젠더화 제안이 기반으로 삼는 신체관을 비판한다. 더 나아가 스피노자의 '평행론'을 통해 섹스와 젠더 개념을 다시 쓴다. 이는 젠더의 활약상을 놓치지 않으면서도 적절하게 개념화하기 위함이다. 여기서는 젠더 개념이 주요 비판 대상이 되지만, 그렇다고 게이튼스가 신체에 대해 본질주의적 입장을 견지하는 것은 아니다.

6장 "본질주의 비판"에서는 본질주의의 선형적 역사관을 비판한다. 본질주의는 현재의 모습을 과거의 기원에 투사할 뿐 아니라, 가정된 성차의 본질이 새로운 성차 구성에 영향을 미치는 역설에 빠져 있다. 게이튼스는 대문자 여성을 가정하기보다 현재의 여성을 지금의 방식으로 지시하게 된 조건을 묻는 계보학을 시도한다. 본질주의의 전제와 그것을 추동한 욕망을 묻는다. 또한 본질주의를 괴물의 일종으로 취급하기보다 오히려 그것이 페미니즘의 주요한 갈래가 될 수 있었던 배경을 추적한다.

7장 "숙고하는 허구"에서는 조지 엘리엇(George Eliot)의 작품에 대한 게이튼스의 비평을 소개한다. 엘리엇은 소설가였지만 스피노자 저작들을 영어로 옮긴 번역가이기도 했다. 게이튼스는 스피노자의 철학이 지닌 엘리트주의적 한계를 극복할 가능성을 엘리엇의 대중소설에서 찾는다. 소설은 말 그대로 허구지만 독자로 하여금 숙고하게 할 수 있다. 스피노자에게 상상은 혼동된 인식이지만 인식의 발전에서 필수 요소다. 이와 마찬가지로 소설은 독자가 가상의 인물과 스토리를 통해 현재의 상태에서 벗어나 자유로 향하는 길을 모색하게 할 수 있다. 게이튼스는 엘리엇의 소설 ≪사일러스 마너(Silas Marner)≫를 분석한다. 게이튼스는 이 작품이 독자들로 하여금 종교적 상상에서 벗어나 인간들의 관계 속에서 자신의 역량을 회복하고 참된 기쁨을 발견하는 공감적 상상을 하도록 독려한다고 본다.

8장 "남성인 근대 정치체"에서는 게이튼스의 국가관을 살핀다. 국가에는 성별이 있다. 그것은 남성이다. 게이튼스는 근대 국가를 남성 신체의 재현물로 본다. 국가라는 신체를 이루는 군대, 경찰, 법률과 정치 조직 등의 신체들이 발휘하는 기능에 여성이 적응하지 못하는 까닭은, 여성이 불완전한 존재여서가 아니라 이들 조직체가 처음부터 남성 신체를 토대로 삼아 남성 신체에 적합하게 고안되어서일 것이다. 따라서 기존 정체를 그대로 둔 채 다른 신체들이 수용되길 바라는 것은 근본적 대안이 될 수 없다. 여성을 포함한 다양한 신체들을 인정하고 그 권력과 역량의 발전을 돕는 다른 조직체로의 전환이 필요하다. 하나의 신체로 이루어진 조직은 하나의 이성, 하나의 윤리만을 함축한다. 하지만 다양한 신체로 구성되는 조직은 다양한 이성과 타자를 향한 윤리를 허용할 것이다. 게이튼스가 차이의 윤리를 주장하는 까닭이다.

9장 "성차와 법"에서는 스피노자 정치철학의 관점으로 현재 성별들 간의 윤리적 관계를 점검한다. 스피노자에 따르면 국가는 시민들의 권리와 권력의 증진을 목적으로 하며, 법은 국가의 자기 이해방식을 표현한다. 이 장에서는 남성과 여성이 이용과 포획이 아닌 권력에서 합치를 이르는 관계를 맺고 있는지 질문하고, 이를 거울처럼 비추고 있는 현재의 법률 형태를 분석한다.

10장 "체현된 책임"은 현재 상상계 내 개인의 책임 문제를 다룬다. 게이튼스는 스피노자를 활용해 책임의 부과 대상을 개인에서 사회로 확대한다. 이는 단지 규모의 확장만을 의미하는 것이 아니라 개인과 공동체의 관계를 다시 고찰하는 것이다. 시민권에서 여성을 배제해 온 역사가 체현돼 있는 우리 사회의 제도들은 현재 여성의 삶과 대우 방식에 영향을 미치고 있다. 게이트스는 이러한 관점으로 페미사이드(Femicide)를 재조명한다. 이 범죄의 범인은 여성 차별적인 우리 사회다. 이러한 인식은 과거와 현재의 우리 모습에 대해 더 큰 의무와 책임을 불러일으킨다.

참고문헌

베네딕투스 데 스피노자 지음, 황태연 옮김(2014). ≪에티카≫. 비홍.

Cornell, D.(1995). *The Imaginary Domain: Abortion, Pornography and Sexual Harassment.* Routledge.

Deleuze, G.(1988). *Foucault.* University of Minnesota Press. 허경 옮김(2019). ≪푸코≫. 그린비.

Gatens, M.(1996). *Imaginary Bodies: Ethics, Power and Corporeality.* Routledge. 조꽃씨 옮김(2021). ≪상상적 신체≫. 도서출판b.

Gatens, M. & Douglas, S.(2011). Revisiting the Continental Shelf: Moira Gatens on Law, Religion, and Human Rights in Eliot, Feuerbach and Spinoza (An Interview). *Feminist Legal Studies, 19*, pp. 75–82.

Gatens, M. & Lloyd, G.(1999). *Collective Imaginings: Spinoza, Past and Present.* Routledge.

차례

일러두기

- 인명, 작품명, 저서명, 개념어 등은 한글과 함께 괄호 안에 해당 국가의 원어를 병기했습니다.
- 외래어 표기는 현행 어문규정의 외래어표기법을 따랐습니다.

01
사회적 상상계

사회적 상상계는 우리가 사는 드넓은 차원을 이룬다. 상상계 속에서 개인은 주체성을 형성하고 의미와 정서를 공유하며 가치를 평가한다. 상상계는 물질적인 신체의 차이와 그 재현을 근본으로 삼아 권력의 짜임을 구성한다. 또한 상상계는 다양하고 모순적인 사회적 의미들이 생성되고 충돌하는 현장이 되기도 한다. 이러한 생성과 충돌을 통해 차별적인 신체 이미지를 변경하고 대항 상상계를 건설할 수 있다.

집단적 상상들

모이라 게이튼스는 자신이 재생시킨 스피노자의 상상 개념에서 사회적 상상계 통념을 끌어낸다. 상상은 내 신체가 다른 신체와 마주치고 변용하고 변용되는 데서 이루어진다. 서로 다른 신체와의 만남 속에서 이미지와 상징은 집단적으로 구성되고 공유된다. 상상은 개인의 인식 차원에 그치지 않고 집단적이고 사회적인 성격을 띤다. 스피노자가 말한 상상이 인식의 토대이자 생활세계를 구성하는 것처럼 사회적 상상계는 우리를 형성하고 살게 하는 드넓은 차원을 이룬다.

상상계를 뜻하는 영어 단어 imaginary는 가스통 바슐라르(Gaston Bachelard), 모리스 메를로퐁티(Maurice Merleau-Ponty), 자크 라캉(Jacques Lacan)의 작업에서 통용되었던 프랑스어 l'imaginarie의 번역어다. 게이튼스는 스피노자의 상상 개념이 띠는 신체적이고 사회적인 의미를 차용해, 인간의 삶을 구성하는 가장 기본적인 존재론적 범주를 가리키는 용어로 이 단어를 사용한다. 상상계는 우리가 살아가는 온갖 상속된 이미지와 상징으로 둘러싸인 세계를 지칭한다. 집단적으로 공유되는 은유와 서사의 저장소로서 사회적 상상계는 사람들이 서로의 생각을 표현하고 교류하는 배경을 구성한다(게이튼스, 2021: 12-19).

상상계는 주체성의 다양한 형식을 구성한다는 점에서 중요하다. 사회적 상상계는 우리의 삶을 형성하는 주체성과 사회관계의 형태를 단순히 반영만 하는 데 그치지 않고 실제로 형성한다. 사회적 상상계에 이미 주어져 있는 이미지, 서사, 상징 등은 우리 사회의 제도, 사법 시스템, 국가 서사, 문화적 전통에 내장돼 전승된다. 이는 우리 공동체 구성원들의 정체성, 소속감, 의미를 형성하는 데 활용된다. 우리는 상상계에 내장된 지배적인 사회적 습관, 관행, 신념을 통해 스스로를 인식하고 서로를 경험한다. 사회적 상상계는 우리로 하여금 특정한 의미·가치·문화 그리고 유사한 정서를 공유하게 한다. 각 개인은 이를 내면화하고 실천하며 살아간다. 개인은 오직 상상계 속에서 의미 있는 정체성을 지닐 수 있다. 즉 윤리적이고 정치적인 주체가 되고 욕망을 지닐 수 있다. 더 나아가 타인의 지위를 매기고 다양한 것들의 가치를 평가할 수 있다. 우리를 체현되고 사회화된 존재로 구성하는 상상계가 없다면 주체도 없다.

상상계는 주체를 구성한다는 점에서 루이 알뛰세르(Louis Althusser)가 말한 이데올로기와 유사한 역할을 하는 듯 보인다. 알뛰세르는 ≪이데올로기와 이데올로기적 국가 장치(Ideology and Ideological State Apparatuses)≫

에서 이데올로기가 주체를 구성하는 과정과 그 효과를 논한다. 알튀세르에 따르면 이데올로기는 개인들을 주체로 호명한다(interpellate). 이 과정을 통해 주체는 자신에 대한 상상적 이해를 얻게 된다. 예컨대 스스로를 본질적으로 자유롭고 책임감 있는 존재로 여긴다. 하지만 주체가 이러한 자기 이해를 제공하는 국가장치의 역할을 고려하지 못한다면, 주체성이 구성되는 수단을 완전하게 설명하지 못하게 될 것이다. 이러한 관계를 진정으로 이해할 수 있게 하는 이데올로기 이론과 이러한 부적합한 설명은 대조된다(Althusser, 1971).

게이튼스의 상상계 이론과 알튀세르의 이데올로기 이론을 여기서 상세하게 비교 분석할 수는 없다. 단, 이데올로기에 비해 상상계가 지니는 특이성을 부각해 보려 한다.

신체에 대한 상상

게이튼스의 상상계 이론은 크게 세 가지 점에서 차별성을 띤다. 첫째, 물질적인 '신체'와 그 '차이'에 주목한다. 인간의 인식은 신체가 변용되는 데서 시작되며, 인간의 정신은 신체에 대한 관념이다. 사회적 상상계에서 이미 형성된 이미지와 상징은 신체에 대한 문화적 의미와 다름없다. 상상계가 주체의 자기 이해 방식을 구성한다면, 그 이해는 개인이 지닌 신체의 종류와 그 신체가 다른 신체들과 맺는 관계가 어떻게 상상되고 있는지 묻는 데서 출발해야 한다.

우리 사회에서 신체는 항상 성별화된 것으로, 대개는 남성 신체와 여성 신체로 이분화된 것으로 상상된다. 이는 신체들에 대한 특정 규범과 가치 부과를 가능하게 하고 신체들 간의 역학 관계를 작동시킨다. 예컨대 이분화된 신체에 대한 상상은 이성애 규범에 대한 강요나 다양한 신체들의 존재의 불인정으로 이어질 수 있다.

이렇게 보면 사회적 권력관계의 핵심은 신체들 간의 관계이며, 특정한 신체 유형이 권력을 쥔다고도 할 수 있다. 사회적 가치 결정을 좌우하는 것은 '무슨' 활동이냐가 아니라 '누가' 하느냐며, 그 누구는 바로 남성의 신체다. 우리 사회는 단지 남성성이 아니라 남성의 신체가 행하는 남성성에 가치를 부여한다. 남성성 또는 여성성으로 여겨지는 행동을 남성 신체 또는 여성 신체가 수행했을 때 가치는 다르게 매겨진다.

게이튼스가 보기에 상상계를 다룰 때 '신체'를 기각하는 이론은 원인을 따져 묻지 않고 증상만을 다루게 된다. 또한 '남성'을 지우는 용법은 이 상상계의 권력 짜임을 분석하지 않는 것이다. 게이튼스는 상상계에서 성별화된 신체 이미지와 그것의 깊이 그리고 만연성에 주목한다. 이것은 새로운 정치체와 상상계를 구성하는 데 중요한 요소다.

둘째, 게이튼스가 말하는 상상계는 우리가 발 딛고 있는 광범한 세계를 이루지만 그렇다고 일의적 의미의 전체 세계를 뜻하지는 않는다. 사회적 상상계는 성적 상상계, 정치적 상상계, 종교적 상상계, 법적 상상계, 철학적 상상계 등 복합적이고 다양하게 구성된다. 각 상상계는 서로 다른 규범에 지배받으며 서로 다른 이미지들이 권력을 행사하거나 서로 다른 정서를 일으키기도 한다. 상상계들은 상호 연관과 교직을 이뤄 때로는 공모하기도 하고 때로는 충돌하기도 한다. 게이튼스는 사회적 상상계에서 성차의 재현이 핵심이라고 보기는 하지만, 그렇다고 성적 상상계가 다른 상상계들을 최종 심급에서 결정하는 토대 역할을 한다고 생각하지는 않는다. 게이튼스가 주목하는 것은 상상계들 간의 관계와 그 관계의 효과다. 각각의 상상계들은 서로 연계해 현행 기관과 제도를 유지하는 데 복무함으로써 개인의 행위성을 제약하기도 한다. 하지만 상상계들은 상충하고 모순을 일으키고 균열함으로써 개인에게 저항과 개작의 기회를 제공하기도 한다. 게이튼스에게 상상계는 내재적이면서도 역동적인 개념이다.

셋째, 상상계는 현실 세계를 이룬다는 점에서 단순한 환상·가상·오류가 아니다. 상상계는 실재와 구별되는 의미로서 이데올로기와 다르다. 게이튼스는 진실과 거짓의 대조가 세계를 이해하는 데 도움이 되지 않는다고 보았다. 우리의 집단적 생활은 진실보다 다양한 종류의 사회적 허구로 유지되는 경우가 더 많다. 우리 사회를 이루는 문화적 서사, 이미지, 신화 등은 단순히 거짓 의식으로 치부될 수 없다. 허구처럼 보이는 문화적 의미와 규범은 실제로 개인들에게 동기를 부여하고 동력을 제공한다. 예컨대 우리의 일상적 만남은 당연한 것으로 받아들여지는 문화적 규범을 배경으로 한 일반적 생활 습관에 의해 이루어진다. 결혼을 하며 특정 손가락에 반지를 끼우거나 아버지의 성을 아이에게 물려주거나 할 때, 우리는 이런 일을 하는 이유나 역사적 의미를 알지 못하고 행한다. 그 기원이 오랫동안 잊힌 이러한 체현된 습관은 우리의 무의식적 차원을 구성하고 역사적으로 비축되고 전승된다. 상상계는 인간 집단이 상호 연결된 허구적 의미들의 그물망을 어떻게 구성하고 이를 통해 사회를 유지하는지 보여 준다.

스피노자에 따르면 상상은 부적합한 인식이다. 단, 오류는 상상 자체에 있는 것이 아니라 상상의 원인에 대한 우리의 무지에 있다. 상상의 원인을 알게 된다고 해서 상상이 사라지는 것은 아니다. 게이튼스가 말하는 상상계 역시 실재의 반대가 아니며, 그 너머에 진실이 존재하지도 않는다. 상상계의 바깥이란 없다. 특정 신체에 대한 상상은 차별적이거나 불평등할 수 있지만, 왜곡을 통해 또는 왜곡 안에서 이 사회 구조의 어떤 진실을 포착하고 있다. 따라서 우리에게 필요한 작업은 우리의 집단적 상상들을 제거하거나 초월하는 것이 아니라 우리가 살아가고 있는 사회적 상상계의 구성 과정을 추적하고 재창조하는 것이다.

대항 상상계

우리는 현재의 사회적 상상계 속에 항상 맥락화돼 있다. 하지만 상상계는 또한 항상 미완성적인 것으로 결코 폐쇄적이지 않은 과정에 놓여 있다. 어떻게 하면 성별화되고 차별적인 신체들의 형태를 지속적으로 생산하는 억압적 상상계를 넘어 문화적 의미와 규범적 실천 면에서 다양한 신체들을 가능하게 하는 세계를 건설할 수 있을까? 어떻게 낡은 이미지와 상징을 변형해 새로운 비유와 재현을 집단적으로 생산할 수 있을까? 사회를 변혁하려면 지배적 상상과 상징의 작동 원리를 이해해야 한다. 특정 이미지나 그 효과를 바꾸는 지름길은 없다. 게이튼스의 말대로 상상계를 통과하고 헤쳐 나가는 과정은 다양한 저항에 부딪힐 수 있고 까다롭기에 그 속도가 매우 느릴 수밖에 없다.

사회적 상상계가 발휘하는 권력은 항상 긍정적이고 선하지는 않지만 창조적이고 생산적이다. 상상계는 억압적으로 주체성을 구성하지만, 늘 고정적 방식을 취하지는 않는다. 달리 말해 새로운 방식으로 주체성을 재구성할 수 있다는 뜻이다. 게이튼스는 상상계의 억압적 측면을 비판하면서 상상계가 지닌 해방적 역할과 방향을 고민한다.

게이튼스는 사회적 상상계 안팎의 모순들 속에서 사회변화의 원동력을 발견한다. 철학적 상상계, 종교적 상상계, 법적 상상계, 성적 상상계 등 서로 다른 상상계들은 서로를 뒷받침하기도 하지만 경쟁하기도 하며, 시간이 지남에 따라 모순을 일으키기도 한다. 거짓과 대조되는 진실과 달리 상상계 속 의미와 상징은 모호하며 항상 해석 속에 있다. 따라서 상상계는 다양하고 복잡하며 모순적인 사회적 의미들의 생성과 변화와 충돌의 현장으로 볼 수 있다. 기존에 통용되던 문화적 규범은 새로운 욕망과 부딪혀 집단적 저항을 일으키기도 한다. 게이튼스는 여러 의미들의 모순이 극한에 이른 구체적 사례를 분석하면서 협상의 장이자 새로운 요소의 재창조 장으로서 상상계를 포착한다.

실제로 게이튼스는 자신이 사는 호주에서 벌어진 문화 규범들의 충돌 사례를 다룬다. 이른바 세계화의 흐름 속에서 서구화된 관념과 호주 원주민의 전통적 규범 사이 발생한 모순이 그중 하나다. 원주민 도덕규범의 의미는 원주민 상상계의 전통 속에서 이해될 수 있다. 규범의 변경 역시 개인의 각성이나 의지가 아니라 상상계들 사이에서 벌어지는 갈등과 충돌을 통해 이뤄진다(Gatens, 2004; 2008). 이러한 설명은 상상계 내부에서 여성 행위성의 지위와 그 작동 방식을 재고하게 한다.

참고문헌

베네딕투스 데 스피노자 지음, 황태연 옮김(2014). ≪에티카≫. 비홍.

Althusser, L.(1971). Ideology and Ideological State Apparatuses. *Lenin and Philosophy and Other Essays*. New Left Review.

Gatens, M.(1996). *Imaginary Bodies: Ethics, Power and Corporeality*. Routledge. 조꽃씨 옮김(2021). ≪상상적 신체≫. 도서출판b.

Gatens, M.(2004). Can Human Rights Accommodate Women's Rights? Towards an Embodied Account of Social Norms, Social Meaning, and Cultural Change. *Contemporary Political Theory, 3*(3), pp. 275–299.

Gatens, M.(2008). Conflicting Imaginaries in Australian Multiculturalism Women's Rights, Group Rights, and Aboriginal Customary Law. In Levey, G. B.(ed.). *Political Theory and Australian Multiculturalism*, pp. 151–170. Berghahn Books.

James, S.(2002). Freedom and the Imaginary. In James, S. & Palmer, S.(eds.). *Visible Women: Essays on Feminist Legal Theory and Political Philosophy*, pp. 175–195. Oxford: Hart.

Richardson-Self, L.(2019). Reflections on Imagination and Embodiment in the Work of Moira Gatens, 1983–2008. *Parrhesia, 30*, pp. 29–47.

02
관계적 행위성

게이튼스는 상상계 개념으로 자율적 개인의 행위성 통념을 수정한다. 여성의 행위성을 주어진 사회적 관계와 문화적 규범의 체현 속에서 논한다. 여성의 극명한 선택에 따라 행위성을 재단하기보다 상상계 내부 또는 상상계들의 충돌 속에 위치한 행위성의 다양한 양상을 이해한다. 더 나아가 기존의 전통을 변경하고 새로운 규범을 발명하는 데 다양한 당사자들이 참여하는 제도 수립을 제안한다.

여성의 행위성

게이트스의 사회적 상상계 개념은 행위성(agency)을 평가하는 기존 방식을 재고하게 한다. 게이트스의 상상계 통념에 따르면 개인은 이미 항상 의미와 가치가 매겨진 상황 속에 놓인 신체다. 주어진 조건에 선행하는 주체성이나 구체적 관계에서 독립된 개체는 존재하지 않는다. 게이트스는 자율적 행위자로서 개인이라는 인간주의적 이상을 거부하고 다양한 역사적 형태와 사회적 관계들 속에 행위성을 위치시킨다.

서구 사상은 자연과 문화, 신체와 정신, 수동과 능동 등의 이원론에 지배되어 왔다. 정치사상의 맥락에서 이는 재생산과 생산, 가족과 국가 등으로 치환되어 유지되었다. 이러한 개념화를 무비판적으로 수용하는 일은 페미니즘 내에서도 벌어졌다. 일부 이론가들은 여성이 재생산 그리고 가족의 굴레라는 수동적 상태에 벗어나 능동성을 획득하는 것이 곧 여성의 해방이라고 이해했다. 이러한 관점은 진정한 여성성(authentic femininity) 개념을 상정하고 여성들 사이에 위계를 설정하게 한다는 점에서 한계가 있다. 자신의 억압을 인식하고 극복하기 위해 노력하는 자가 진정성 있는 여성이며, 그렇지 않은 여성은 자기 인식이 부족하거나 의지가 박약하다고 치부할 수 있기 때문이다. 하지만 더 근본적인 문제는 사회 규범에 대한 순응과 저항으로서 행위성을 대조하는 작업이 서구 사회의 오래된 이분법을 반복하는 것이라는 데 있다.

사회적 상상계는 개인이 이미 구성된 사회 제도와 규범 속에서 항상 상황에 처해 있다는 것을 전제로 성립한다. 여성들의 사회적 관계에 내재된 집단적 이미지나 상상은 일상적으로 이루어지는 특정한 관행을 형성한다. 따라서 여성의 행위성과 그 역량을 분석하려면 그와 분리될 수 없는 문화적 규범의 체현을 함께 논해야 한다. 여성들이 스스로의 억압과 공모하는 것처럼 보인다면, 그들의 의식이 아니라 그 행동 양식과 맥락을 설명해야 한다. 어느 무슬림 여성들은 저항의 의미로 히잡을 착용한다. 어느 아시안 여성은 자발적으로 성형 수술을 선택한다. 이 과정에서 여성들의 행위성을 어떻게 평가할 수 있을까? 여성들을 괴롭혀왔던 오래된 문화적 규범은 어떻게 규정할 수 있을까? 새로운 관행은 어떻게 창조할 수 있을까?

주체는 특정한 맥락 속에서 생산된다. 하지만 주체 역시 새로운 이미지를 집단적으로 형성할 수 있다. 게이튼스의 상상계는 내재적이지만 역동적인 성격을 띤다. 여성의 정치적 행위성은 상상계 내에서 제약을 받는다. 하지만 상상계들 간의 특정한 관계는 행위성이 발현되는 기회가 되기도 한다. 게이트스는 여성의 행위성을 논하는 데서 상상계의 통념과 특성을 유용한 도구로 활용한다.

상충하는 상상계들

게이튼스는 "인권은 여성의 권리를 수용할 수 있는가?(Can Human Rights Accommodate Women's Rights?)"라는 글에서 여성의 권리와 행위성의 문제를 호주 원주민의 문화적 전통과 관련지어 다룬다. 2001년 호주 아넘랜드의 마닝리다 동쪽 외곽에 거주하는 49세 나이의 원주민 재키 파스코 자밀미라는 15세 소녀를 성폭행한 혐의로 기소되었다. 지역 법원의 치안 판사는 징역형 13개월을 선고했지만, 자밀미라는 정략결혼이라는 원주민 관습법에 따른 성관계라며 항소했다. 15년 전 자밀미라는 갓 태어난 소녀의 부모와 그들의 딸을 아내로 맞이하겠다는 계약을 맺었다. 자밀미라는 "그녀는 나의 약속된 아내다.… 그것은 원주민의 관습이자 나의 문화다"라고 진술했다. 노던테리토리 법원은 정략결혼이 원주민 지역 사회에서 도덕적으로 올바른 행위로 간주된다는 인류학자의 조언을 받아들여 성

관계에 대한 형량을 23시간으로 감형했다. 이는 대대적 공분을 일으켰고 추가 항소로 이어졌다. 항소 법원의 대법관은 자밀미라의 혐의에 대해 징역형 12개월을 최종 판결했다.

이 사건은 호주 원주민과 비원주민 사회에서 격렬한 논쟁을 불러왔다. 대부분이 보편적 인권과 특정한 문화적 규범을 대비하는 방식으로 이 사태에 접근했다. 논쟁은 둘 중 하나를 더 우선시하며 이루어졌다. 하지만 게이튼스가 보기에 이런 식의 접근법은 이른바 '보편적' 권리가 '특수한' 맥락에서 어떻게 작용하고 이행하는지 그 역동적 관계를 놓치고 있다. 인권과 문화 규범은 구체적 맥락에서 상호 구성되며, 양자의 의미는 지속적으로 협상되고 재구성된다.

인권은 추상적 권리가 아니며 문화 규범은 고유하지 않다. 인권 통념은 처음부터 '공적' 인간에 적합하게 정립되어 여성과 남성에게 비대칭적으로 작용해 왔다. 서구 인권의 역사는 여성의 배제에서 출발해 이후 다양한 타자들이 등록되는 과정과 이를 둘러싼 논쟁을 거쳤다. 즉 인권은 단일한 추상적 통념이 아니라 구체적 조건 속에서 역동적으로 변화해 왔다.

원주민 문화 규범 역시 전통으로서 고유하고 정적이기만 한 것이 아니다. 전통은 오히려 새로운 상황에 맞게 변화하고 적응함으로써 살아남을 수 있다. 다만 게이튼스는 문화 전통의 보존과 변화에서도 이미 성별화된 규범이 강요된다는 점을 지적한다. 남성과 달리 여성에게는 가정에서 그 문화와 전통을 보존하기를 기대하는 상황이 흔하게 벌어진다.

게이튼스는 여성의 보편적 인권을 우선시하는 하향식 모델과 이 권리를 침해하는 것으로 보이는 특정 문화적 규범 그리고 관습을 우선시하는 상향식 모델 사이에서 협상이 이루어질 수 있는 유익한 중간 지점으로 사회적 상상계를 제시한다. 그러한 협상은 필연적으로 양방향으로 진행되기 때문에 사회적 상상계는 항상 존재하는 배경으로서 생산적 장소가 될 수 있다. 원주민의 상상계는 다른 문화와 마찬가지로 다양하며 논쟁의 여지가 있다. 한편으로 원주민 문화의 권리를 인정하는 것은 억압적인 성적 규범을 보존하고 여성에 대한 차별적 대우를 지지하는 것이 될 수 있다. 하지만 다른 한편으로 서구 중심적 인권 담론에 맞서 소수 집단의 권리 그리고 전통의 다양성과 차이를 인정할 필요도 있다.

자밀미라 사례는 법과 전통에 대한 원주민 집단 내부의 갈등을 반영한다. 게이튼스는 이러한 충돌을 소수 문화에 대한 위협이라기보다 문화가 역동적이고 경쟁적인 성격을 띤다는 증거로 본다. 상상계들의 충돌은 변화의 기회를 제공한다. 원주민 공동체 내에서 여성의 권리와 자격에 대한 개념이 변화하면 필연적으로 기존의 성적 규범에 영향을 미칠 것이고, 이는 다시 기존의 상상계를 흔들 것이다.

전통적 규범과 가치를 재발명할 기회

우리는 습관적 생활과 실천적 규범으로 체현된 관계 속에서 일상적 만남을 이어 나간다. 이는 당연시되는 특수한 문화적 배경에서 이뤄진다. 역사적 여성과 남성의 삶을 지배하는 규범의 가치는 특정한 체현의 의미가 어떻게 사회적 맥락과 연결되고 형성되는지 이해하지 않고서는 판단할 수 없다. 여성의 행위성 역시 마찬가지다. 행위성은 문화의 특수성을 초월해 존재할 수 없으며, 권리는 보편성을 담보한다고 자임할 수 없다.

자밀미라 소송에서 법원은 원주민 남성의 관습법을 검증하는 데 백인 남성 인류학자를 동원했다. 이는 원주민 여성에 대한 왜곡된 이해를 초래할 수 있다. 실제 남성적 관점의 판례 생산은 호주의 법적 상상계의 편향성을 지속시킨다. 따라서 원주민 여성에게 전통문화에 순응할 것인지

거부할 것인지 이분법적인 질문을 하기보다 현재 호주와 원주민 상상계에 대한 심문이 선행되어야 한다. 원주민 여성의 극명한 선택에 따라 행위성을 평가하는 것은 그 선택의 근원을 이루는 상상계의 문제를 흐릴 수 있다. 상상계는 '누구의 서사와 상상'이 개인적 행동과 사회적 규범에 효과적 의미를 부여하는 권력을 지니는지에 좌우되며 작동한다. 게이튼스는 다음과 같이 묻는다. 원주민 공동체의 전통을 정의할 권한은 누구에게 있는가? 그 전통을 재창조하는 데 참여할 자격은 누구에게 있는가? 문화적 규범과 사회적 의미를 재협상하는 데 여성은 정당한 이해관계자인가? 그 과정에 여성이 가치 있는 기여자로 인정받는 데 필요한 것은 무엇인가?

원주민 여성은 원주민 남성 못지않게 원주민의 가치와 관습을 재창조하고 재발명할 권리가 있다. 이는 원주민 공동체뿐 아니라 다른 사회의 여성들에게도 해당된다. 공동체는 다양한 주체들이 사회적 규범과 의미를 상상하고 개발할 수 있도록 역량을 부여하고 이에 참여할 수 있는 제도를 수립해야 한다.

원주민 여성들이 자신의 문화에 대해 각기 다르게 대응하는 것은 잘못되거나 올바른 의식의 산물이 아니다. 이 모든 논쟁과 과정은 체현된 문화적 규범과 그 변동 가능성 속의 행위성을 표현하는 것으로 보아야 한다. 어떤 관행이 특정 주체를 가능하게 하는지 또는 제약하는지는 역사와 맥락에서 추상화해 미리 결정할 수 없다. 자밀미라 소송에서 벌어진 논쟁은 현실과 동떨어진 추상적 권리 통념으로 특정 행위성을 재단할 수 없다는 사실, 또한 문화 규범이 지체되고 불변하지 않는다는 사실을 놓쳤다. 이는 더 강력한 사회적 상상계를 발명하기 위한 집단적 기획을 저해할 수 있다.

게이튼스는 서로 다른 문화적 환경 내부 또는 사이에 위치한 행위성의 다양한 양상을 이해하고 그 다양성을 뒷받침하는 상상계를 분석할 것을 제안한다. 특정 사회적 상상계에서 주체가 만들어지는 관행에 주목하는 것은 현재의 상상계를 비판하고 새로운 지도를 창조하는 출발점이다.

참고문헌

Gatens, M.(1995). *Feminism and Philosophy: Perspectives on Difference and Equality*. Polity Press.

Gatens, M.(1996). *Imaginary Bodies: Ethics, Power and Corporeality*. Routledge. 조꽃씨 옮김(2021). ≪상상적 신체≫. 도서출판b.

Gatens, M.(2004). Can Human Rights Accommodate Women's Rights? Towards an Embodied Account of Social Norms, Social Meaning, and Cultural Change. *Contemporary Political Theory, 3*(3), pp. 275-299.

Gatens, M.(2008). Conflicting Imaginaries in Australian Multiculturalism Women's Rights, Group Rights, and Aboriginal Customary Law. In Levey, G. B.(ed.). *Political Theory and Australian Multiculturalism*, pp. 151-170. Berghahn Books.

Laurie, T.(2019). Thinking without Monsters: the Role of Philosophy in Moira Gatens. *Parrhesia, 30*, pp. 48-68.

03
성적 명예 규범

이성애 관계는 성차에 따른 권력 양식과 젠더 규범이 작동하는 성적 상상계 속에서 이뤄진다. 성적 규범은 이상적인 성적 역할과 관계를 제시한다. 이는 각종 이미지나 상징으로 뒷받침된다. 게이튼스는 현재 비호혜적인 이성애 규범에 개입하기 위해 자부심과 수치심 같은 강력한 정서를 수반하는 명예 개념을 활용한다. 미투 운동은 기존의 남성 명예를 어지럽히고 여성의 새로운 명예를 구축하기 위한 운동으로 볼 수 있다.

이성애 상상계

미국 오하이오주 안티오크대학교는 캠퍼스 내 성폭력 사건을 다루는 과정에서 새로운 규칙을 만들었다. 모든 성적 상호 작용은 동의에 기반을 두어야 한다는 "예스 민스 예스(Yes means yes)" 규칙이다. 이는 강간 사건에서 피해자의 거부 의사의 명확성을 확인하는 "노 민스 노(No means no)"에서 한발 더 나아가 가해자에게 상대의 명시적 동의를 얻었는지 묻는다. 거부하지 않은 것이 동의가 아니라 동의를 한 것이 동의라는 이 원칙은 이후 미국의 다른 주와 유럽의 일부 나라에서 강간 여부를 판정하기 위한 법적 기준으로 활용되었다. 이는 그간 의식되지 못했던 우리 사회의 강간 문화에 대한 경각심을 일깨우고 개인의 성적 자기 결정권을 존중하는 한 걸음이 될 수 있다. 하지만 게이튼스는 동의 또는 비동의가 이성애 관계에 대해 말할 수 있는 전부는 아니라고 말한다(Gatens & Churcher, 2019).

게이튼스는 눈에 보이는 동의보다 동의가 이루어지거나 보류되는 배경 조건에 초점을 맞춘다. 이성애 만남은 젠더 규범과 성적 차이에 따른 권력 양식이 영향을 발휘하는 더 넓은 사회적 맥락 속에서 이뤄진다. 게이튼스는 개인의 행위와 그 관계의 지배적 규율을 통치하는 우리 사회의 복잡한 성적 상상계를 문제 삼는다.

우리는 상상계 속에서 이미 만들어진 이미지와 상징을 통해 자기 자신과 타인을 이해하고 가치를 평가한다. 성적 상상계는 주체들을 성별화하고, 서로 다른 신체에 암묵적이거나 명시적으로 서로 다른 성적 규범을 적용한다. 성적 규범이란 특정 신체에게 특정 맥락에서 요구되는 적합한 행동을 기대하는 집단적 기제다. 특정 행동을 적절하다거나 부적절하다고 판단하는 성적 규범은 성별화된 정체성의 존재를 가정한다. 성적 규범은 문화적으로나 역사적으로나 우연히 형성된 것일 수 있다. 하지만 일단 자리를 잡으면 성별 정체성을 체현하고 관련 가치를 보존하는 역할을 한다. 각 성별이 지향해야 할 이상 그리고 상호 관계에서 활용되는 이미지나 상징은 성적 규범을 뒷받침한다.

현재 성적 상상계에서 유통되는 남성과 여성의 신체 이미지들이 있다. 이는 능동성/수동성, 침투 불가능성/침투 가능성, 단단함/부드러움 등의 형태를 띤다. 다양한 매체와 인터넷 그리고 포르노그래피 등에서 신체 자체가 하나의 '무기'로 재현되는 강인한 '남성 신체 이미지'와, 성적으로 '대상화'되며 비하되는 '여성 신체 이미지'는 남성과 여성의 주체성 그리고 행위성에 영향을 미친다. 남성 신체의 온전한 이미지는 손상 불가능한 남성 '자기(self)'를 낳고 그 경계를 보호할 권리를 강화한다. 반면 여성의 경우에는 이러한 원리가 동일하게 적용되지 않는다.

성별들의 신체를 상상하는 방식이 이처럼 상반되는 것은 비호혜적 이성애 관계를 초래할 수 있다. 이는 사적 관계에 그치지 않는다. 불평등한 이성애 규범은 이를 뒷받침하는 법과 제도에 의해 유지되고 강화될 수 있다. 따라서 남성과 여성 모두 존중받아야 할 존재로 여겨지고 서로의 욕망을 호혜적으로 인정할 수 있는 이성애 상상계를 새롭게 구축해야 한다. 이를 위해 게이튼스는 현재의 문제적 성적 규범을 재생산하는 이미지와 정서를 지적한다. 이때 유용한 도구가 바로 '성적 명예 규범'이다.

성적 명예 규범

게이튼스가 볼 때 이성애 관계에서 동의 기반 모델을 제안하는 것보다 근본적인 것은 무의식적 성적 규범이 작동하는 상상계를 분석하는 것이다. 현재의 성적 상상계는 차별적 방식으로 성적 주체를 구성하고 있다. 바꿔 말하면 이러한 성적 상상계를 비판적으로 성찰하면 평등한 관계를 새롭게 구성할 여지를 마련할 수 있다. '성적 동의' 대신 '성적 명예' 통념을 사용하는 분석의 이점은 다음과 같다.

첫째, 동의는 사적 관계에서 이루어진다. 반면 명예는 개인적이면서도 집단적이고, 내적이면서도 외적인 특성을 띤다. 명예는 사회적으로 존중받을 권리 또는 자격을 뜻한다는 점에서 상호 관계적이고 인정적인 자기 인식이다. 개인들이 속한 집단에서 통용되는 규범은 구성원들을 공동체의 일원으로 묶어 주기 때문에 각자는 집단의 명예 또는 불명예를 공유한다. 한 집단의 명예가 훼손되면 그 집단에 속한 개인의 명예도 함께 훼손될 수 있다. 성, 인종, 종교 등과 관련한 정체성 정치가 그 집단의 명예와 존엄 보장을 위한 권리를 주장하는 것은 이러한 까닭에서다.

호세 메디나(José Medina)는 현재 뉴스, 인터넷, 소셜 미디어 등 다양한 매체에서 벌어지는 일을 "상상들의 전투"라고 규정한다(Medina, 2013: 252). 메디나는 인종 또는 성과 관련된 정체성과 그 지위가 상상되는 의사소통 유형에 주목해야 한다고 말한다. 상상의 힘은 특정 집단의 명예를 취약하게 할 수 있고, 반대로 명예를 지키기 위한 저항을 일으킬 수도 있다. 특정 집단을 낙인찍는 상상은 그 집단이 고통받는 것이 마치 정당한 것처럼 보이게 한다. 반면 저항적 상상은 배제된 집단의 고통을 민감하게 느낄 수 있도록 돕는다. 예컨대 온라인 커뮤니티에서 일어나는 특정 집단에 대한 혐오와 신체적 특성 비하는 논란을 일으킨다. 여기에는 강력한 정서 투여가 동반되며 반발과 저항을 불러일으키기도 한다. 이미지와 상징을 둘러싼 일상적 다툼은 얼핏 사소해 보인다. 하지만 이 상상들의 전투는 그와 관련된 집단 명예의 존립을 결정짓고, 그 집단에 속한 개인들의 행위 역량에 영향을 준다.

둘째, 동의는 동등한 지위의 당사자들이 각자의 이해관계에 따라 합의를 하는 것을 의미한다. 다양한 사회적 속성이 탈각된 추상적 개인들의 이 구두 약속은 자유로운 교환을 보증한다. 즉 동의는 합리적 존재자들을 전제하는 자유주의적 계약 개념에서 비롯한다. 반면 명예는 그러지 않는다. 명예는 상상 그리고 정서와 결부된 통념이다. 개인들은 비대칭적 성별 권력 관계로 이루어진 상상계 속에서 살고 있다. 각자에게 작용하는 집단의 행동 규범과 명예 개념은 다른 방식으로 통용된다. 이러한 명예 규범은 옳고 그름에 대한 이성적 관념뿐 아니라 의식적이거나 무의식적인 상상과 정서를 함축한다. 보통 규범에 어긋나는 행동을 하면 나쁜 '결과'가 뒤따르지만, 성적 규범과 같은 정체성과 연결된 규범에 반하는 행동을 하면 나쁜 '사람'이 된다. 예컨대 성별 규범이 위반되었을 때 사람들이 느끼는 것은 대개 지적 불편함이 아니다. 규범 옹호자는 혐오·공포·분노를 느끼며, 규범 위반자는 수치심·죄책감·두려움을 느낀다. 이렇듯 명예 규범은 상상과 정서를 서로 연결하고 우리의 체현된 자아에 작용한다. 그만큼 우리의 행동을 강력히 제약한다.

따라서 게이튼스는 현재의 이성애 행위 규범에 비판적으로 개입하려면 자부심과 수치심 같은 강력한 정서를 수반하는 명예 개념을 활용해야 한다고 주장한다. 개인의 행위는 소속 집단의 명예 규범에 영향을 받는다. 상대를 폭력적으로 대하는 행위는 사회적 비난과 거부를 낳고, 이는 가해자의 수치심과 집단적 개혁 요구로 이어질 수 있다. 이로써 이성애 관계에 대한 새로운 기준을 확립할 계기가 마련되고 사회적 제도를 재조정할 수 있게 된다. 사적인 것과 공적인 것, 개인과 제도를 변증법적 방식으로 연결하는 명예 개념이 유용한 것은 이러한 까닭에서다. 몇 년 전 전 세계를 강타한 미투 운동은 명예 통념에 의한 이성애 관계의 재구성 시도가 잘 드러난 사례다.

여성 명예 주장으로서 미투 운동

2017년 배우 아시아 아르젠토(Asia Argento)는 저명한 영화 제작자 하비 와인스타인(Harvey Weinstein)에게 성폭력을 당했던 사실을 폭로했다. 이 사건은 이후 세계를 뒤흔든 미투 운동에 불을 지폈다. 이듬해 아르젠토는 칸 국제영화제 폐막식에 올랐다. 아르젠토는 칸 영화제에서 와인스타인이 가한 폭력을 언급하며 칸은 와인스타인의 사냥터였다고 고발했다. 미투 운동에 대해 다양한 해석과 의미 부여가 가능하겠지만, 게이튼스의 관점으로는 다음과 같은 점에 주목할 수 있다.

와인스타인 개인이 단순히 괴물이었던 것은 아니다. 아르젠토 역시 단순히 개인사를 말한 것이 아니다. 줄지어 나온 여성들의 폭로로 미루어 볼 때 아르젠토가 겪은 일은 영화계 '관행'의 일종이었다. 아르젠토의 발언은 칸 영화제의 이미지를 전도했다. 칸 영화제는 영화인들의 업적을 기리고 영광을 공유하는 축제의 장에서, 오랜 기간 어린 여성 배우들을 노리는 권력자 남성들의 사냥터로 일순간에 전락했다. 아르젠토는 여성의 성을 착취하는 데 공모해 온 정치적이고 남성적인 영화 산업의 불명예성을 드러냈다(Gatens & Churcher, 2019: 158-160). 현재 지배적인 이성애 상상계는 남성에게 여성과는 다른 명예 통념을 부여한다. 남성의 공식적이고 공격적인 성공에는 여성이 '트로피'처럼 주어진다. 그 역이 성립되는 경우는 드물다. 다른 성을 지배하거나 소유하는 관계는 명예가 아니라 불명예라는 것, 바로 이것이 미투 운동이 우리에게 알려 준 바다.

미투 운동의 바람은 한국 사회에도 불어닥쳤다. 이로써 몇몇 정치가나 예술인은 오랜 기간 누려 왔던 명예와 존경을 한순간에 잃어버리고 추락했다. 미투 운동은 단순히 개인의 범죄 사실에 대한 보복적 대응이 아니다. 미투 운동은 우리 사회에서 암암리에 유지되어 왔던 성폭력 관행과 성별 권력 차이에 대한 경고이자, 자발적이든 비자발적이든 지속되어 온 여성의 침묵에 대한 종식 선언이다. 남성은 여성을 지배할 '자격'을 갖고 여성은 적극적 거부보다 '묵인'으로 일관하는 우리 사회 이성애 상상계의 관계 규범에 대한 폭로다.

새로운 변화는 지배적 사회 규범과 의미를 불안정하게 하는 데서 시작한다. 미투 운동은 기존의 성적 규범에 대해 수치심과 죄책감의 정서를 불러일으켰다. 이 정서는 각 성별 정체성과 그 관계를 지탱해 온 관행 그리고 제도에 대한 성찰을 촉구했다. 이는 새로운 명예 규범 구성의 계기가 될 수 있다. 실제로 연달아 터진 미투 폭로는 여성의 새로운 명예 선언을 담고 있다. 다시 구축될 여성의 명예는 순결성이 아니라 여성들의 권리 주장과 연대 구성에 있을 것이다.

이성애 관계에서 상호 간 동의의 필요성은 계속 강조되

어야 한다. 하지만 미투 운동은 명시적 동의 여부의 표현과 확인을 혼란스럽게 하는 권력 관계와 성적 규범이 작동하고 있다는 사실을 드러내 주었다. 게이튼스는 그러한 지배적 성적 규범을 허물어뜨리는 데서 윤리적 이성애 관계를 위한 대항 상상계 구축이 시작될 수 있다고 본다.

참고문헌

재클린 프리드먼·제시카 발렌티 지음, 송예슬 옮김(2020). ≪예스 민즈 예스 : 강간 없는 세상 여성의 성 권력 찾기≫. 아르테.

Gatens, M.(2004). Can Human Rights Accommodate Women's Rights? Towards an Embodied Account of Social Norms, Social Meaning, and Cultural Change. *Contemporary Political Theory, 3*(3), pp. 275–299.

Gatens, M. & Churcher M.(2019). Reframing Honour in Heterosexual Imaginaries. *Journal of the Theoretical Humanities, 24*(4), pp. 151–164.

Medina, J.(2013). *The Epistemology of Resistance: Gender and Racial Oppression, Epistemic Injustice, and Resistant Imaginations.* Oxford UP.

04
신체 페미니즘

게이튼스는 페미니즘 내에서 '성적 평등 대 성적 차이'라는 논쟁이 고질적으로 반복되는 상황이 신체와 성차에 대한 근대적 이분법에 갇힌 데서 기인한다고 본다. 게이튼스는 '신체'를 생물학적 특성이 문화에 관여하고 문화가 생물학적 특성을 생산하는 문턱으로 규정하고, '상상적 신체'라는 통념을 고안한다. 신체를 창조적이고 역동적으로 보는 스피노자의 관점에 따라 신체의 성차를 긍정하면서도 신체를 구성적 개념으로 만든다.

신체를 바라보는 두 가지 시선

신체는 오랫동안 페미니스트들의 투쟁 장소였다. 국가와 종교는 피임과 낙태의 권리, 출산 정책과 관련해 여성 신체에 개입하고 권력을 행사해 왔다. 이는 "개인적인 것이 정치적인 것이다"라는 제2세대 페미니즘 구호가 무색해질 만큼 여성 신체와 국가 간의 관계라는 문제를 불거지게 한다.

게이튼스가 보기에 기존의 페미니즘이 신체에 접근할 때 충분히 사유하지 못한 지점이 있다. 그간 페미니즘은 근대 국가와 남성 이성의 재현 간 관계 또는 근대 국가와 여성 신체의 배제 간 관계를 이론적으로 충분히 고찰하지 못했다. 게이튼스는 이러한 한계가 신체에 대한 근대적 관점에 얽매인 데서 비롯된다고 본다. 더 나아가 이는 페미니즘이 성차에 대한 사유에서 답보 상태에 빠지게 한다고 지적한다.

근대에 쌍둥이가 탄생했다. 정신과 이성이 신체와 정념을 지배하는 '인간 주체'와, 이성의 산물로 재현된 '근대 정치체'가 그것이다. 한 존재는 다른 존재를 전제하고 반영한다. 인간 주체는 단일하고 보편적이며 성적으로 중립적인 것으로 가정된다. 주체는 경제적·정치적으로 의존적인 여성의 모습을 띠지 않는다. 주체는 스스로가 분리되어 나온 자연을 지배하는 능력이 있다. 또한 신체의 정념들을 통제할 수 있다고 여겨진 이성을 소유한다. 로이드는 합리성이란 그 자체로 명시적으로 개념화되기보다 여성적인 것에 반대되는 것으로 정의된다고 말한다. 요컨대 인간 주체란 실상 개념적으로 여성 주체라는 그림자에 의존해 성립하는 남성 주체다. 근대 정치체 또한 여성의 신체를 배제하는 방식으로 구성되었다. 근대의 정치적 삶을 창조한 사회계약은 남성들만 참여해 남성 신체의 욕망과 필요를 보증하도록 고안되었다. 여성은 자연 상태에서 정치체로 이행하지 못한 채 단지 사적인 가족 영역에 머물 뿐이다. 이렇듯 근대가 낳은 쌍둥이는 신체/정신, 자연/문화, 사적/공적 영역의 분할을 여성적인 것/남성적인 것으로 성별화했다(게이튼스, 2021: 110-111).

게이튼스는 페미니즘 이론의 발전에 큰 공헌을 한 저작들, 즉 시몬 드 보부아르(Simone de Beauvoir)의 ≪제2의 성(Le Deuxième Sexe)≫과 슐라미스 파이어스톤(Shulamith Firestone)의 ≪성의 변증법(The Dialectic of Sex: The Case for Feminist Revolution)≫ 역시 이 근대적 이분법을 취하고 있다고 본다(Gatens, 1991: 2). 두 이론가 모두 여성의 열등한 지위의 근원을 여성의 생물학적 신체에서 찾는다. 따라서 여성이 새로운 '문화'를 구성하려면 '신체'에 대한 통제가 필요하다고 주장한다. 보부아르는 여성의 재생산이 단순한 삶을 수반할 뿐 가치 창출의 영역으로 나아가는 데 제약이 된다고 본다(보부아르, 2021: 59). 파이어스톤은 임신은 어쨌든 야만적인(barbaric) 것이므로 여성의 생식 능력을 기술적 수단으로 대체할 것을 주장한다(파이어스톤, 2016: 287). 즉 인식의 발전과 과학의 도움으로 여성이 자연적 신체로부터 자유로워지기를 희망한다.

게이튼스가 보기에 보부아르와 파이어스톤은 여성 해방을 자연을 초월하는 탈신체화와 동일시한다는 면에서 이분법 속에서 공전하고 있다. 이들은 근대 정치체가 여성의 신체를 배제하는 방식으로 정의되었다는 점을 발본하기보다 여성 신체를 공적 삶에 적합하도록 개조하려고 한다. 이들의 사상은 성적 '평등'을 위해 여성 신체의 재생산 특성을 극복하고 성적 차이를 약화해야 한다는 주장으로 요약할 수 있겠다.

이러한 흐름과 정반대로 남성 신체와 여성 신체의 종별적 역량과 권력을 강조하며 성적 '차이'를 주장하는 흐름이 있다. 캐서린 맥키넌(Catharine MacKinnon)과 안드레아 드워킨(Andrea Dworkin)은 여성 섹슈얼리티와 남성 섹슈얼리티와 관련해 본질화된 개념을 제안한다. 이들에 따르면 이성애 관계는 항상 이미 운명 지어져 있다. 이성애의 성관계는 근본적으로 여성에 대한 남성의 강제적 폭력이다(MacKinnon, 1989: 329; Dworkin, 1987: 122). 예컨대 남성 신체는 무기를 장착한 침략자, 여성 신체는 정복된 영토다. 이러한 관점은 성별 정체성을 구성하는 데서 도리어 그 가정된 본질이 미칠 효과를 고려하지 못한다는 한계가 있다. 현재의 성차별적 정치의 기원을 남성과 여성의 성차와 그 폭력에서 찾는다는 것은 결국 결과를 원인에 투사하는 셈이기 때문이다.

게이튼스는 신체들과 그 관계를 구성적인 것으로 본다. 샤론 마커스(Sharon Marcus)는 게이튼스와 같은 선상에서 강간을 "폭력의 진행 속에서 성차를 강제하는 성별화되고 젠더화된 공격"이라고 정의한 바 있다(Sharon, 1992: 397). 강간 자체에 선행하는 남성과 여성의 정체성이 있는 것이 아니다. 오히려 정체성은 강간 행위에서 발생한다. 여성에 비해 강한 남성의 신체는 강간의 원인이 아니라 강간을 통해 확인받으려는 효과다. 남성의 강간 가능성은 남성의 권력을 결과로 낳으며, 여성의 강간 공포는 빼앗길 무언가 때문이 아니라 스스로가 빼앗길 수 있는 대상이 되기 때문에 발생한다. 따라서 강간은 우리 신체에 대한 경험과 배치에 대한 해석과 재현의 효과로서 존재한다. 여성의 신체를 빼앗길 수 있는 재산이나 보호해야 할 내면의 공간으로 묘사할 수 있으며, 반대로 이미 강간당하지도, 본래 강간당할 수도 없는 존재로 상상할 수도 있다. 게이튼스는 남성과 여성의 신체를 본질적이고 고정적인 형태가 아니라 새로운 문화적 관점을 정립할 수 있는 장으로 생각한다. 섹슈얼리티는 다양한 신체가 구성되고 재해석되는 역사 그 자체다.

문턱으로서 상상적 신체

여성의 신체를 바라보는 앞서의 두 시선은 성적 '평등' 대 성적 '차이' 논쟁으로 일컬어지는 논의에서 다뤄지곤 한다. 성적 평등과 성적 차이를 각각 중시하는 이들은 신체와 성차에 관한 견해에서 대비된다. 전자는 신체를 중립적이고 수동적인 것으로 보고, 후자는 고정적이고 불변적인 것으로 본다. 전자는 성차를 순수한 사회적 구성물로 여기고, 후자는 생물학적 본질로 여긴다. 그러나 사실 두 방식은 신체를 비문화적이고 몰역사적인 생물학적 실체로 이해한다는 점에서 공통된다. 이러한 이해는 신체/정신, 자연/문화라는 근대적 이원론을 답습하는 것과 다름없다. 서로 달라 보이는 이 두 대응은 정신 또는 신체, 문화 또는 자연 중 어느 것을 우선할지에 대한 두 가지 방식의 답변일 뿐이다.

하지만 근대 이분법은 주어진 것이 아니라 역사적이고 사회적으로 구성된 것이다. 신체는 정신에 비해 자연적인 것이 아니고 역동적 문화에 비해 고정적인 것이 아니다. 그러한 것으로 여겨지게끔 조작된 것이다. 따라서 여기서 탐구해야 할 것은 사회·정치적 구조가 신체들을 특정한 권력이나 욕망을 띤 것들로 구성해 온 방식이다. 여성·자연·신체 사이의 조작된 연관성이 정치·법·경제·철학 등의 영역에서 다층적 관계를 만들며 영향력을 행사해 온 역사를 탐구해야 한다.

게이튼스는 서로 달라 보이지만 사실은 동일한 이 두 흐름 모두를 넘어서려 한다. 신체와 그 권력에 대한 대안적 견해를 모색하기 위해 근대의 이원론적 굴레에서 빠져나가려 한다. 물론 게이튼스가 이들 논쟁을 초월하는 아르키메데스의 점을 찾을 수 있다고 주장하는 것은 아니다. 단지 각 관점에 잠재된 가치를 드러내고 무엇을 수용하고 거부할지를 솎아 내려 한다. 게이튼스가 보기에 신체는 중립적이거나 고정적인 것이 아니며, 성차는 사회 구성적이거나 생물학적인 것이 아니다. 신체는 환경과 상호 작용하며 변화하는 능동적인 것이다. 성별화된 신체적 특징과 기능은 그것이 사회·문화적으로 개념화되는 방식과 분리될 수 없다. 따라서 게이튼스에게 신체는 생물학적 특성이 문화에 관여하고 문화가 생물학적 특성을 생산하는 '문턱'이다.

이러한 문턱으로서 신체의 특성을 잘 드러내는 것이 '상상적 신체'라는 통념이다. 게이튼스의 관점은 신체가 여성의 취약성과 결부되어 결국에 극복되어야 할 것이 아니라고 본다는 점에서 평등의 관점과 구분된다. 또한 신체가 여성의 본질을 규정하는 자연적인 것이 아니라고 본다는 점에서 차이의 관점과도 구분된다. 게이튼스는 항상 신체에서 출발한다. 신체는 중심적 토대이지만, 그 신체는 항상 이미 상상되어 있다. 상상적 신체는 해부학적이고 생리적인 신체가 아니다. 우리 사회에서 공유된 비유, 재현에 의해 구성되는 신체다. 이미 주어져 있는 이미지와 상징은 신체의 가치와 지위, 적합한 취급 방식을 좌우한다. 이러한 의미에서 신체는 언제나 상황에 놓여 있고 체험된다. 즉 '앞서서' 사회적이고 정서적이며 체현된다. 따라서 비역사적이거나 중립적인 신체는 존재하지 않는다. 예컨대 우리 사회에서 신체는 대개 남성의 신체와 여성의 신체로 이분화되어 있다. 이 성별화된 신체는 자연의 산물이 아니다. 신체에 작용하는 권력 그리고 신체를 통해 수행되는 실천을 통해 신체는 성별화된 것으로 구성된다. 게이튼스는 물질적 신체에 관념적 성격을 부여하고, 생물학적 신체에 역사적이고 사회적인 색깔을 입힌다.

상상적 신체라는 통념은 체험된 신체의 효과를 분석하게 하며, 이는 본질적 성차를 전제하지 않고도 신체적 차이와 그에 상응하는 권력의 차이를 이해하게 한다. 상상적 신체에서 성적 차이는 순수한 사회적 구성물도 아니지만 생물학적 본질도 아니다. 이는 평등 페미니즘과 차이 페미니즘 사이에서 건설적 돌파구를 모색하게 한다.

스피노자적 신체

게이튼스는 신체를 일종의 문턱으로 여기는 견해를 스피노자에게서 착안했다. 스피노자는 근대 철학자이지만 근대적 사고와 거리가 멀다. 문화/자연, 능동/수동 등의 근대적 이분법을 답습하지 않고 정신과 신체에 대한 일원론적 설명을 제공한다는 점에서 그러하다. 스피노자에게는 하나의 실체만이 존재한다. 그 유일 실체에서 '사유'와 '연장'이라는 속성들의 양태가 '정신'과 '신체'다. 따라서 정신과 신체는 동등한 지위에 있으며, 대립하지도 않는다. 신체는 능동적 정신에 의해 지배되는 수동적 자연의 부분이 아니다. 오히려 신체는 인간 인식과 행동의 근원을 이룬다.

마찬가지로 정신은 신체의 실존에 의해 구성된다. 정신과 신체는 서로 다른 속성의 양태지만 자신의 존재 안에서 존속하려 하는 인간 욕망의 두 표현이다. 따라서 둘은 필연적으로 함께 능동적이거나 함께 수동적이다. "인간의 정신은 매우 많은 것을 지각할 수 있는 적성을 지니고 있으며, 인간의 신체가 더 많은 방식으로 배치될 수 있으면 있을수록 이러한 적성은 더욱 커진다."(≪윤리학≫ 2부 정리 14). 어떤 신체의 복잡성과 그것의 관념인 정신의 복잡성은 평행한다.

스피노자에게 신체는 완결적인 자연의 산물이 아니라 환경과 끊임없이 상호 작용하는 가변적 다양체다. 다른 신체와의 만남은 우리의 체질에 도움이 되는지 해가 되는지에 따라 좋거나 나쁜 것으로 여겨진다. 신체의 의미와 역량은 신체가 어떤 맥락에 놓여 있는지, 어떤 신체와 관계 맺는지에 따라 변화한다. 인간의 자유는 다른 신체들과의 만남을 능동적으로 선택할 수 있는 권력이다. 인간 이성의 힘은 정신의 초월적 특성이 아니라 오히려 신체적 변용의 복잡성을 표현한다.

게이튼스는 스피노자를 따라 신체는 욕망하는 신체이며 신체의 형태는 신체의 욕망을 반영한다고 본다. 신체가 생산적이고 창조적인 과정 그 자체라면, 현재 신체들의 모습과 관계는 어떻게 설명할 수 있을까?

신체는 역사적으로 이분화되어 왔다. 남성의 신체는 공적 영역과, 여성의 신체는 사적 영역과 연계되어 왔다. 여성 신체의 특정한 구조나 성격은 다양한 직업군의 형태를 띠기보다 가정 영역에 한정되고, 아내나 어머니의 역할에 머물렀다. 신체의 활동 영역과 그 신체가 창조되는 조건은 신체의 역량을 규정한다. 따라서 게이튼스는 공적 영역과 사적 영역에서의 각 활동이 특정한 종류의 작업을 수행하도록 신체들을 구성해 온 방식을 추적한다. 신체들의 역량과 관계를 재창조하기 위해서다.

스피노자 철학은 전통적 근대 철학을 지배해 왔던 이원론의 굴레에서 빠져나와 신체를 생산적이고 역동적인 것으로 삼을 수 있게 한다. 인간 신체는 그에 작용하는 권력을 통해 성별화되고 사회화되고 체현되는 과정을 거치며 끊임없이 생성되고 변화한다. 이러한 관점은 신체가 사회·정치·윤리와 맺는 다양한 관계를 설명할 수 있게 한다. 여기서 성적 차이는 중립화되지 않는다. 오히려 성차는 이분화되거나 양극화되지 않으며 다양성에 열려 있다. 차이는 선험적으로 결정되는 것이 아니라 신체들의 변화하는 관계들에 달려 있기 때문이다. 게이튼스는 이원론에서 탈피하는 스피노자를 통해 기존 페미니즘 이론이 빠진 평등과 차이의 교착 상태를 우회한다. 더 나아가 성차를 다각화하고 변화에 열어 둔다.

참고문헌

베네딕투스 데 스피노자 지음, 황태연 옮김(2014). ≪에티카≫. 비홍.

슐라미스 파이어스톤 지음, 김민예숙·유숙열 옮김(2016). ≪성의 변증법≫. 꾸리에.

시몬 드 보부아르 지음, 이정순 옮김 (2021). ≪제2의 성≫. 을유문화사.

Dworkin, A.(1987). *Intercourse*. Secker & Warburg.

Gatens, M.(1991). *Feminism and Philosophy: Perspectives on Difference and Equality*. Polity.

Gatens, M.(1996). *Imaginary Bodies: Ethics, Power and Corporeality*. Routledge. 조꽃씨 옮김(2021). ≪상상적 신체≫. 도서출판b.

MacKinnon, C.(1989). Sexuality, Pornography and Method: 'Pleasure Under Patriarchy'. *Ethics, 99*(2), pp. 314–346.

Marcus, S.(1992). Fighting Bodies, Fighting Words: A Theory and Politics of Rape Prevention. In Butler, J. & Scott, J. W.(eds.). *Feminists Theorize the Political*, pp. 385–403. Routledge.

05
섹스 젠더 구별을 넘어

섹스와 구별되는 젠더 개념은 페미니즘 이론과 실천에서 혁신적 역할을 했다. 하지만 게이튼스는 섹스와 젠더의 구별에 전제된 수동적 신체관과 의지주의적 경향을 비판한다. 항상 이미 상황 속에 놓인 신체를 분석하며 젠더와 생물학적 특성이 맺는 사회적 관계를 밝힌다. 더 나아가 스피노자의 정신과 신체의 일원론 그리고 평행론의 관점에서 섹스와 젠더를 다시 쓰며 두 범주에 역동성을 도입한다.

젠더라는 증상 비판

20세기 후반 등장한 '젠더' 개념은 페미니즘과 성 정치학에서 열광을 불러일으켰다. 일반적으로 섹스는 자연적으로 주어진 남성과 여성의 생물학적 신체를, 젠더는 남성과 여성에 관해 사회·문화적으로 공유된 관념을 가리킨다. 젠더 개념은 트랜스섹슈얼 집단에 생물학적 환원주의의 위험에 맞서 성적 선호와 실천의 다양성을 설명할 근거를 제공했다. 또한 페미니스트들로 하여금 여성 억압을 고정적 본질이 아니라 변화 가능한 일종의 문화로 삼을 수 있게 했다. 젠더 개념은 다양한 집단에 새로운 돌파구를 마련해 주며 이론적·실천적 영역에서 급부상했다. 사회의 성차별적 관념과 문화가 문제라면, 그 전횡적 규범을 배우지 않고 재사회화하면 된다. 말 그대로 '탈젠더화'하면 되는 것이다. 하지만 게이튼스는 젠더 개념이 무비판적으로 선호되는 풍조, 탈젠더화라는 반역사적이고 순진한 해법에 의문을 제기한다. 섹스와 젠더 구별의 이론적 토대를 밝히고, 그것이 일으킬 정치적 효과를 우려한다(게이튼스, 2021: 20-59).

게이튼스는 탈젠더화 제안이 설득력 없는 두 전제에 기반하고 있다고 본다. 첫째, 신체는 의식의 형성과 관련해 수동적이며 중립적이다. 둘째, 문제가 되는 문화의 물질적 관행을 의식적으로 변화시킴으로써 우리 경험의 효과를 결정적으로 바꿀 수 있다.

첫 번째 전제는 주체성에 관한 행동주의적 이해를 기반으로 삼는다. 즉 조건화된 자극 반응 모델을 통해 행동을 조작할 수 있다고 본다. 이러한 모델은 수동적 주체를 전제한다. 반면 게이튼스는 지크문트 프로이트(Sigmund Freud)를 따라 지각을 능동적 과정으로 본다. 신체는 외부에서 지각한 것을 그대로 의식하는 빈 서판이 아니다. 신체가 지각한 것 대부분은 의식에 진입하지 않고 전의식 또는 무의식에 남아 있다. 신체는 유연하게 세상에 관여하며 그 환경과 창의적 관계를 맺고 있다. 따라서 신체는 수동적이지 않다. 또한 신체는 지각을 통해 사회적 실천과 행동을 경험한다. 특히 우리 사회에서 신체는 항상 성별화되어 있다. 신체는 성별에 따라 이미 서로 다른 가치와 의미가 매겨진 상황 속에 던져진다. 따라서 신체는 중립적이지 않다.

두 번째 전제는 그 자체로 비물질적이고 비역사적인 신체 이해 방식이다. 개인의 정체성에 대한 사회적 결정은 관념의 층위에서 일어나지 않는다. 게이튼스는 젠더 용어가 관념적 방식으로, 즉 체현된 존재에서 추상화하는 방식으로 사용될 위험을 우려한다. 사회에서 통용되는 남성성과 여성성에 해당하는 특성들은 단지 목록일 뿐이다. 이는 젠더의 의미나 그 발생에 대해 아무것도 말해 주지 않는다. 역사적으로 남성 신체 또는 여성 신체에 부여된 권력과 역할, 실제 신체들이 수행해 온 의식과 행위를 분석해야 한다. 그렇지 않으면 남성성과 여성성의 양적 차이만 다룰 뿐 여성이 여성성을, 남성이 남성성을 살아가는 방식의 질적 차이는 놓치게 된다. 게이튼스는 여성 신체에 의해 체험된 여성성과 남성 신체에 의해 체험된 여성성은 질적으로 다르다고 본다. 신체와 그 신체가 갖는 의미와 의의는 분리될 수 없다. 중립적 신체의 사회화를 통해 의식이 사회적으로 구성되는 것이 아니라, 성별화된 신체를 통해 성차의 경험이 구성된다.

이렇듯 게이튼스는 무엇보다 신체와 성차를 강조한다. 단, 그 성격이 본질적이고 선험적이라고 가정하지 않는다. 게이튼스는 해부학적이거나 자연적인 신체가 아니라 체험되고 상황 속에 놓여 있는 신체를 다룬다. 이것이 상상적 신체다. 주체는 항상 특정한 역사적 궤적을 지닌 문화 속에 존재하므로, 신체는 항상 주체에게 체험되어 있다. 우리 사회 속에 이분화되어 경험되는 남성 신체와 여성 신체는 각각 사회적이고 개인적인 의미와 결부된다. 성 적합 행동의 형태로서 남성성과 여성성은 역사적·문화적으로 공유된, 남성과 여성의 생물학적 특성에 대한 환상의 표현들이다. 젠더는 섹스에 독립적이지 않으며 둘의 연결은 임의적이지 않다. 따라서 젠더라는 증상만을 문제로 다루면 그 복잡한 발생의 구조를 놓치게 된다. 게이튼스는 젠더가 사회적·역사적 맥락 속에서 체험된 것으로서 생물학적 특성과 맺는 내밀한 관계를 밝혀야 한다고 주장한다.

오늘 우리의 사회적 의미 네트워크는 신체마다 다른 의미를 부여할 뿐 아니라 한 신체를 다른 신체보다 더 높게 가치화한다. 이는 '무엇'을 어떻게 하는가보다 '누가' 그것을 하는가가 사회적 가치를 규정한다는 뜻이다. 우리 사회에서 권력이 부여된 것은 탈젠더화 주창자가 주장하는 것처럼 남성성 그 자체가 아니라 남성적 남성이다. 이를 못 본 척하는 것은 여성의 신체 그리고 그 재현과 통제의 중요성을 하찮게 여기게 할 수 있다. 성의 정치학을 젠더 차이로 축소하는 것은 신체를 지우고 중립화할 우려가 있다.

스피노자의 언어로 다시 쓰는 섹스와 젠더

게이튼스가 볼 때 섹스/젠더 구별은 페미니즘 기획에 유용하기도 하고 해롭기도 하다. 가장 큰 문제는 섹스/젠더 구별이 기반으로 삼는 신체와 정신의 이분법적 사고에 있다.

신체/정신 이분법은 너무 쉽게 양자택일의 교착 상태로 이어진다. 정신의 역사적 특권을 역전시키고자 그 반작용으로 유물론적 관점에서 신체에 특권을 부여하는 것은 생물학적 본질주의에 빠질 수 있다. 반대로 젠더를 마치 선택하거나 발명할 수 있다고 보는 것은 의지주의의 성격을 띠는 관념론의 정치로 이어질 수 있다. 신체와 정신 사이의 인과 관계를 상정하면 이 이분법은 더욱더 해로워진다. 유물론적 접근은 물질을 의식의 결정적 원인으로 착각하게 하고, 정치적 의지주의는 의식을 물질적 변화의 인과적 장소로 착각하게 한다.

게이튼스는 섹스를 자연적으로 주어진 신체로 이해하거나 젠더를 사회정치적 욕망과 동일시하는 경향을 거부한다. 게이튼스는 섹스와 젠더 개념을 재고찰하면서 스피노자의 존재론을 활용한다. 스피노자 철학의 일원론적이고 내재적인 성격은 '평행론'이라고 불리는 그의 관점에서 드러난다. 평행론은 하나의 동일한 실체를 표현하는 서로 다른 사유 속성과 연장 속성이 위계 없이 동등하게 전개된다는 가정이다. "관념들의 질서와 연관은 실재들의 질서와 연관과 동일하다."(≪윤리학≫ 2부 정리 7) 이렇게 보면 섹스와 젠더 중 어느 하나를 우선시하지 않고, 또 둘 사이의 인과 관계를 상정하지 않고 각각의 작동을 설명할 수 있다(Gatens, 1996b).

질 들뢰즈와 펠릭스 가타리(Félix Guattari)는 ≪천 개의 고원(Mille Plateaux: Capitalisme et Schizophrénie)≫에서 스피노자의 내재적 평면 위에 그린 양태들의 지도학을 제시한다. 신체는 평면 위에 경도와 위도로 규정된다. 신체는 주어진 운동과 정지, 빠름과 느림의 관계하에서 그것에 속하는 물질적 요소들의 총합인 경도와, 주어진 권력 또는 잠재력의 정도에서 그것이 할 수 있는 강도적 정서의 총합인 위도로 정의된다(들뢰즈·가타리, 2001: 493). 즉 신체는 속도와 움직임을 포함한 확장적(extensive) 부분과 정서와 행동 능력을 포함한 강도적(intensive) 역량의 측면에서 분석할 수 있다. 여기서 신체는 본래의 생물학적 기관이나 기능으로 정의되지 않는다. 신체의 역할과 권력은 미리 정해지는 것이 아니라 행동학적으로 가변적이다. 들뢰즈는 수레를 끄는 말은 경주 말보다 노역을 하는 소와 공통점이 더 많다는 예를 든다. 신체는 다른 신체와 어떤 관계를 맺는지, 변용하고 변용되는 역량의 측면에서 무엇을 할 수 있는지, 그 권력은 어떠한지, 무엇이 신체를 강하게 또는 약하게 하는지에 따라 달라진다.

게이튼스는 이러한 관점에서 섹스와 젠더 개념을 다시 쓴다. 섹스는 확장적 축에서 신체와 그 관계의 조직이며,

젠더는 강도적 축에서 신체의 정서와 권력이다. 신체의 구성과 그 권력이 경도와 위도로 가변적으로 표시되므로 섹스와 젠더 역시 역동적 범주가 된다. 단, 섹스와 젠더 사이 인과 관계가 성립되는 것은 아니다. 어떤 종류의 확장적 관계도 강도적 역량을 유발하지 않으며, 그 역도 성립하지 않는다. 평행론적 관점에 보자면 경도 축에서 신체를 구성하는 부분들 사이의 확장적 관계는 위도 축에서 신체의 강도적 역량이다(게이튼스, 2021: 278). 젠더는 사회화되고 체현된 섹스를 지닌 인간의 권력 그리고 쾌락의 변화하는 작용과 함께 생성된다. 이러한 관점은 사회적 구성으로서 젠더 개념의 활약을 간과하지 않으면서도 젠더를 더욱 적절하게 개념화하는 방식이다.

스피노자의 평행론 관점은 사회 구조와 독립적이지만 정신에 인과적 힘을 행사하는 섹스라는 혼란에 빠지지 않고 신체에 초점을 맞춘다. 젠더가 신체적 차이와 자의적으로만 관련되어 있다고 여기지 않고 성차를 사회적 권력의 표현으로 받아들인다(Lloyd, 1989: 21). 사회적 권력 작용에서 독립적인 섹스는 존재하지 않으며, 성별을 띠지 않는 젠더는 존재하지 않는다.

참고문헌

Deleuze, G. & Guattari, F.(1980). *Capitalisme et Schizophrénie tome 2: Mille plateaux*. Editions de Minuit. 김재인 옮김(2001). ≪천 개의 고원: 자본주의와 분열증 2≫. 새물결.

Gatens, M.(1996a). *Imaginary Bodies: Ethics, Power and Corporeality*. Routledge. 조꽃씨 옮김(2021). ≪상상적 신체≫. 도서출판b.

Gatens, M.(1996b). Through a Spinozist Lens: Ethology, Difference, Power. In Patton, P.(ed.). *Deleuze: A Critical Reader*, pp. 162-187. Blackwell, .

Lloyd, G.(1989). Woman as Other: Sex, Gender and Subjectivity. *Australian Feminist Studies, 10*, pp. 13-22.

06
본질주의 비판

게이튼스는 여성을 보편적 지시체가 아니라 역사적이고 불안정한 범주로 여긴다. 본질주의는 성차의 기원을 전제함으로써 성적 관계에 대한 새로운 실험과 재구성 가능성을 차단한다. 하지만 게이튼스는 본질주의를 추방하기보다 본질주의의 욕망과 본질주의를 작동시킨 상상계를 분석한다. 여성의 권력을 새롭게 창조하기 위해 여성이 현재의 모습으로 구성된 방식을 논하는 계보학을 시도한다.

'대문자 여성은 없다'

페미니즘 연구자들은 여성들이 주변적 지위에만 머물러 왔던 역사를 비판하고 대안을 모색해 왔다. 이 과정에서 정통 역사가들은 여성이라는 단어를 보편적 지시체로 가정했다. 이른바 '대문자 여성'이 선형적 역사를 걸어온 듯 탐구했다. 반면 게이튼스는 오히려 보편적 여성이 시간을 관통해 담론적 범주가 되어 기능하게 된 방식을 질문한다. 여성을 현재의 방식으로 지시하는 것이 가능하게 된 지배적 조건을 묻는다(게이튼스, 2021: 153-180).

현대 사회에서 여성으로 존재한다는 것은 무엇을 의미하는가? 그 의미는 여성과 시민 질서의 관계, 남성에 비한 여성의 경제적·정치적 배치에 의해 구성된다. 여기서 남성 신체와 여성 신체는 존재론적 시금석이 아니다. 우리 사회의 제도와 기관은 성차를 수동적으로 반영하는 것이 아니라 능동적으로 구성한다. 따라서 여성 자체는 역사적이고 불안정한 범주다. 여성으로 존재한다는 것은 성차에 대한 가변적인 사회정치적 의미들을 살아가고 체현한다는 것을 의미한다. 그 의미에 대한 우리의 다양한 이해 방식은 끊임없이 변화한다.

게이튼스는 그 의미가 띠는 현재의 자명함을 약화하고

삶을 강화할 가능성을 위해 현재의 구성을 추적하는 역사를 계보학이라고 칭한다. 현재 여성 모습의 기원을 찾고 이를 필연적 과정으로 이해하기보다 계보학을 통해 현재 우리가 여성을 이해하는 방식과 이것이 구성할 삶의 형태를 묻는다. 어떻게 현재 우리가 되었는지 해석하는 것은 곧 우리가 앞으로 무엇이 될 수 있는지 모색하는 가능성의 조건이 된다.

여성이 다른 무엇이 될 수 있는지는 페미니즘의 가장 중요한 질문이다. 이는 여성의 정체성을 본질로 이해하지 않는 데서 출발한다. 여성의 '본질'을 가정하면 여성이 무엇을 해야 하는지 명확하게 결정할 수 있다. 반대로 여성이 현재의 모습으로 '구성'되게 된 과정을 분석하면 또 다르게 구성될 가능성을 모색할 수 있다.

본질주의라는 괴물

캐럴 페이트먼(Carole Pateman)은 ≪남과 여, 은폐된 성적 계약(The Sexual Contract)≫에서 근대 사회계약론을 분석한다. 이전에 로버트 필머(Robert Filmer)가 아버지의 통치를 중심으로 한 신분 위계로서 사회계약을 말했다면,

존 로크(John Locke)에 이르러 사회계약은 자유로운 이성을 기반으로 한 공동체 구성으로 해석되었다. 하지만 페이트먼은 아버지에 대한 아들들의 승리는 가부장제의 패배라기보다 새로운 가부장제의 도입에 불과하다고 주장한다. 아버지에게서 탈취한 가부장적 성의 권리는 형제들이 여성에 접근할 수 있는 규약으로 보증된다. 근대 가부장제는 이른바 형제애적 계약이며, 새로운 질서는 곧 형제애적 질서다(페이트먼, 2001: 120).

게이튼스는 근대 사회계약에 대한 페이트먼의 분석이 사회의 기원에 대한 남성적 환상을 폭로한다는 점에서 그의 분석에 의미를 부여하면서도 그 불안한 지점을 지적한다. 바로 현재의 성차별적이고 불평등한 사회 '제도'의 기원을 성적 '계약'에서 찾는다는 점이다. 페이트먼의 관점은 '본질주의 대 구성주의'라는 대립에서 '계약 대 제도'라는 추가적 이항을 덧붙이며 교착 상태를 되풀이한다. 성적 계약이 젠더화된 제도를 창조하는 것인지 제도화된 젠더를 가정하는 것인지 물으며 계약과 제도를 대립시키고 전자의 선행성을 가정한다. 성적 계약이 진정한 기원이라면 현재의 남성과 여성에 대한 통념 그리고 둘 사이의 적대감은 변하지 않고 지속돼 왔다는 뜻이 된다. 이러한 종류의 주장은 대개 본질주의라고 일컬어진다. 주류 페미니즘은 본질주의를 종종 괴물로 취급한다. 만일 우리 공동체 안에 괴물이 있다면, 그를 바깥으로 추방하면 된다. 하지만 게이튼스는 이러한 단순한 해법을 택하지 않는다. 게이튼스가 본질주의에 접근하는 방식은 두 단계로 진행된다.

첫 번째 단계에서 게이튼스는 본질주의의 전제를 비판한다. 성차의 본질을 가정하는 것은 현재의 성적 불평등이라는 결과를 여성과 남성의 근본적 성차라는 원인에 투사하는 것과 같다. 본질주의는 현재라는 초월적 지점에서 마치 인과성의 선형적 연쇄로 진행되어 온 듯 역사를 다룬다. 성별들 간의 관계라는 역사적 효과를 마치 기원인 것처럼 여기고, 설명하려 하는 바를 전제한다.

이와 달리 게이튼스는 현재를 자명한 것으로 여기지 않고 현재가 이렇게 구성되도록 한 방식들을 추적하는 계보학을 시도한다. 게이튼스가 보기에 역사는 과거와 현재를 가차 없이 연결하는 필연성의 연쇄로 이루어지지 않는다. 역사는 논쟁적 서사들이 경합하는 공간이다. 역사는 우리를 오늘의 우리로 만든 과거의 사회적·정치적 배치들을 우리가 어떻게 기억하고 해석하는지 다룬다. 우리의 과거는 우리가 어떻게 변화해 왔는지에 대한 우리의 이해 방식처럼 지속적 수정·개작에 열려 있다. 게이튼스가 내딛은 이 단계는 본질주의 역사관을 넘어 우리의 사회·정치적 현재를 둘러싸고 형성된 다양한 서사들을 발견하려 한 것으로 평가되어야 한다.

그런데 게이튼스는 여기서 한 걸음 더 나아간다. 두 번째 단계에서 게이튼스는 본질주의의 욕망을 묻는다. 즉 본질주의의 논리를 문제로 삼는 데서 그치지 않고 본질주의를 가능하게 한 욕망과 그 효과를 심문한다. 본질주의 서사를 추동한 욕망의 본성은 무엇인가? 그러한 서사를 제시함으로써 가능해지는 삶의 형태는 무엇인가? 과거를 마주할 때는 현재의 불가피성을 과거에 부여하고 싶은 유혹이 생긴다. 최초의 원인, 역사의 원동자를 알고 싶은 욕망이 작동한다. 이는 페미니즘에 자리한 특히 강력한 욕망이다. 페미니스트들은 집단으로서 남성이 집단으로서 여성에게 행사하는 구조적 권력의 기원을 찾고 싶어 한다. 하지만 부동의 원동자란 없다. 여성 신체의 고유한 의미는 남성의 성적 쾌락 대상이라는 데 있지 않다. 여성 신체의 가치는 재생산 능력에 있지 않다. 본질주의자들은 정치적 기원을 성폭력에서 발견하려 하지만, 그러한 의지의 본성은 여성적 체현의 의미를 결여로 여기는 가부장적 환상과 닮아 있다. 그 환상은 남성에게 여성의 온전성을 파괴할 권리를 본질적으로 부여하는 효과를 재생산할 뿐이다.

티머시 로리(Timothy Laurie)는 게이튼스가 괴물 없이 사고하는 법을 시도했다고 평가한다(Laurie, 2019). 괴물처럼 보이는 그 어떤 존재나 이론도 항상 우리의 사회적 상상계 속에 위치시키기 때문이다. 게이튼스는 본질주의를 추방하기보다 본질주의가 왜 페미니즘의 한 축이 되고 이 시대의 주요 담론이 될 수 있었는지 검토한다. 본질주의의 서사는 우리의 사회적 상상계 속에서 불평등한 성별들 간의 경험을 반영한다. 본질주의는 이러한 경험을 표현하려는 시도에서 비롯하는 현상으로, 우리의 상상과 정념을 보여주는 재현의 일종이다. 본질주의는 우리의 흔적이며 책임이다. 본질주의가 불평등에 대한 단일한 기원을 전제하는 것처럼, 본질주의를 비판하는 관점 역시 본질주의가 마치 일원적 오류에서 비롯된 듯 다룬다. 이와 달리 게이튼스는 본질주의와 본질주의를 괴물로 보는 것이 추동하는 욕망, 이를 가능하게 한 경험, 이것이 구성해 낼 효과를 탐구하려 한다.

페미니즘 역시 가부장적 사회 속에서 생성되고 변화해 왔다. 다양한 시행착오를 겪은 그 역사는 선형적이지 않다. 우리의 상상계는 사회적 실재들을 재현하거나 반영할 뿐 아니라 구성한다. 게이튼스는 사회적 상상계 그리고 페미니즘 내부의 정념과 상상을 제거의 대상이 아니라 재구성과 재협상의 재료로 삼는다. 우리의 구조와 제도를 다르게 형성하고 상상적 우리를 다르게 구성할 것을 촉구한다.

권력을 창조하고 책임을 다하는 계보학

대문자 여성은 존재하지 않으며 여성은 본질을 갖지 않는다는 것이 곧 여성들이 존재하지 않는다는 뜻은 아니다. 여성이 사회적 서사와 실천의 산물이라는 것이 여성 역사의 폐기를 의미하는 것은 아니다. 인간의 역사에 의해 생산되는 다른 모든 것처럼 여성들도 존재한다. 따라서 남성과 여성의 사회적·정치적·윤리적 관계들은 공동체나 문화 속에 체현돼 있는 바대로 이해해야 한다.

게이튼스에 따르면 본질주의의 가장 큰 문제는 현재의 가능성을 차단한다는 데 있다. 성차의 기원을 발견하는 것은 남성 신체와 여성 신체의 의미와 그 관계를 다양하게 해석할 여지를 제한한다. 본질주의는 남성과 여성의 사회정치적 의미를 실험할 수 있는 수단들을 지운다. 이는 미래를 위한 비판적 역사를 창조하는 것을 막는 효과를 낸다. 게이튼스는 여성과 남성이 다르게 존재하고 그 관계가 다르게 구성될 수 있다고 상상한다. 이것이 현재의 권력이 구성된 방식을 밝히고 그 방식에 관해 논쟁하는 계보학을 제안하는 이유다.

여성은 구성된 존재이며, 다른 방식으로 권력을 재구성할 수 있다. 그렇다고 여성이 원하는 대로 무엇이든 될 자유가 있다는 것은 아니다. 여성의 가치와 존재 방식이 체현된 역사는 순수한 의지 행위로 변경되지 않는다. 현재 여성의 자유는 현재 여성이 놓인 맥락에 크게 좌우된다. 이는 현재 여성의 모습이 어떻게 이루어지게 되었는지에 대한 이해가 필요하다는 사실을 함축한다. 여성 권력의 재창조는 현재의 여성에 대한 이해와 그 변화 가능성에 대한 책임과 결부되어 있다. 게이튼스 말대로 "우리는 다른 무언가가 되기 위해 현재 우리의 존재에 책임을 다할 만큼 충분히 강해져야 한다"(게이튼스, 2021: 180).

참고문헌

Gatens, M.(1995). *Feminism and Philosophy: Perspectives on Difference and Equality*. Polity Press.

Gatens, M.(1996). *Imaginary Bodies: Ethics, Power and Corporeality*. Routledge. 조꽃씨 옮김(2021). ≪상상적 신체≫. 도서출판b.

Laurie, T.(2019). Thinking without Monsters: the Role of Philosophy in Moira Gatens. *Parrhesia, 30*, pp. 48–68.

Pateman, C.(1988). *The Sexual Contract*. Polity. 이충훈·유영근 옮김(2001). ≪남과 여, 은폐된 성적 계약≫. 이후.

07

숙고하는 허구

게이튼스는 조지 엘리엇의 소설이 스피노자의 철학이 띠는 자유인의 윤리적 이상과 대중의 현실적 삶 조건 간 공백을 메꿀 수 있다고 본다. 엘리엇은 허구를 통해 우리의 삶을 숙고한다. 엘리엇은 초월적 신이 아니라 동료에 대한 공감적 상상을 통해 도덕적 지혜를 얻는 인물들의 이야기를 썼다. 게이튼스가 보기에 이는 자유를 향한 스피노자의 길보다 더 포용적이다.

진실을 추구하는 허구

게이트스의 ≪스피노자의 자유를 향한 험난한 길≫에는 스피노자에 관한 강의 두 편이 담겼다(Gatens, 2011). 첫 번째 강의는 스피노자의 실체 일원론에서 세계 내 존재 방식과 세계에 대한 인식 방식이 얽혀 있는 형식을 보여 준다. 상상과 정념에 대한 이해와 교정은 자유와 지복의 상태에 이르게 한다. 두 번째 강의는 스피노자를 연구한 조지 엘리엇의 소설이 윤리적 해방에 이르는 또 다른 방법을 제시할 수 있음을 밝힌다. 소설은 허구 인물의 삶에 체현된 상상과 신념의 형태를 보여 주며 독자에게 일상적 경험의 의미를 성찰하게 한다. 즉 자유를 향하는 두 가지 길이 있다. 스피노자의 '철학의 길'과 엘리엇의 '허구의 길'이다.

스피노자는 ≪윤리학≫에서 올바른 삶의 방식을 설명한다. 우리가 무엇이고 무엇을 인식할 수 있는지 이해해 자유와 미덕을 실현할 수 있는 길을 제시한다. 하지만 ≪윤리학≫의 맨 마지막 구절에서 스피노자 스스로 털어놓듯 "고귀한 모든 것은 어려울 뿐만 아니라 드물다."(≪윤리학≫ 5부 정리 42의 주석) 인간의 행동과 욕망을 마치 선·면·입체의 문제처럼 고려하는 기하학적 방법으로 정서의 본성과 정신의 역량을 설명하는 스피노자의 방식은 철학자가 아닌 일반인의 이해를 끌어내기 쉽지 않다. 스피노자는 인간의 인식 양식과 존재 양식의 상관관계를 결정하는 일반 원칙을 제시하지만, 이를 수행하기는 어렵고 수행되는 경우도 드물다.

게이튼스는 자유인이라는 윤리적 이상과 대중의 현실적 삶 조건 간 간극을 지적한다. 그러고서 스피노자의 이 공백을 메꿀 수 있는 것으로 바로 엘리엇의 '숙고하는 허구(deliberative fiction)'를 제시한다. '숙고'와 '허구'라는 언뜻 서로 대립되어 보이는 단어 조합은 '소설'을 통한 '진실'의 추구를 의미한다. 소설(fiction)은 문자 그대로 허구(fiction)지만, 혼란스러운 상상에서 벗어나 자유로 향할 수 있는 권력을 강화하는 데 기여할 수 있다.

허구는 철학의 전통적 탐구 대상이 아니었다. 허구는 진실에 반대되는 거짓과 동등하게 취급되고는 했다. 반면 게이튼스는 스피노자가 좋은 허구와 나쁜 허구를 구분했다고 본다(Gatens, 2011). ≪윤리학≫ 4부 서문에는 "인간 본성의 모델"이라는 허구가 등장한다. 스피노자에 따르면 선과 악은 결코 실재하지 않지만, 사람들이 이 '인간 본성의 모델'을 통해 선을 추구하고 악을 피하며 윤리적 삶을 살기 위해 노력하는 것은 유용한 일이다. 사람들이 허구인 것을 인지한 채 따르는 이 모델은 좋은 허구다. 더 나아가 자연 그 자체는 도덕규범을 제공하지 않기에 우리는 상상과 허구 없이 올바른 삶을 추구할 수 없다. 허구는 모든 삶의 형태를 지탱하며 삶을 교정하는 데 불가피한 요소다.

게이튼스는 스피노자가 사용하는 허구를 신화, 종교, 정치적 이데올로기 등 다양한 유형으로 구분한다. 이러한 허구는 오류를 초래하기도 하고 인식의 발전과 능력의 실현에 도움을 주기도 한다. 예컨대 신화는 인간의 욕구와 감정을 자연에 투영한 것으로, 자연계의 질서를 신비화해 그에 대한 적합한 이해를 방해한다. 그러나 자연에 대한 인간의 두려움을 완화하는 효과를 내기도 한다. 정치적 이데올로기로 변질된 신학적 허구는 위험하고 분열적이다. 하지만 종교는 배움이 적은 평범한 이들에게 도덕 법칙을 준수하도록 독려한다. 게이튼스가 인간의 잠재력을 이해하고 실현할 수 있는 데 허구를 활용한 엘리엇에 주목한 이유가 여기 있다.

조지 엘리엇의 허구

엘리엇은 19세기 소설가다. 당시 사회적 편견 탓에 메리 앤 에번스(Mary Anne Evans)라는 본명 대신 남성 필명으로 작품 활동을 했다. 엘리엇은 대개 소설가로 알려져 있다. 하지만 그는 1846년에 다비드 슈트라우스(David Friedrich Strauss)의 ≪예수의 생애(The Life of Jesus)≫, 1849년에 스피노자의 ≪신학정치론≫, 1856년에 ≪윤리학≫, 1854년에 루트비히 포이어바흐(Ludwig Feuerbach)의 ≪기독교의 본질(The Essence of Religion)≫을 영어로 옮기고 연구한 철학자이기도 했다. ≪윤리학≫이 당시 실제로 출간되었다면 최초 영어 번역본이 되었을 것이다. 이 번역본은 클레어 칼라일(Clare Carlisle)의 편집으로 2020년이 되어서야 빛을 본다.

게이튼스는 스피노자의 철학과 엘리엇의 소설 간의 연결 관계를 밝힌다. 그렇다고 엘리엇이 스피노자의 철학을 소설적 형식으로 번역했다고 주장하지는 않는다. 엘리엇은 스피노자를 더 많은 사람들이 접근할 수 있게 하는 유일한 방법은 그의 책을 연구한 다음 책을 덮고 분석하는 것이라고 생각했다. 게이튼스는 스피노자가 상상·이성·정서의 관계를 설명하고 개혁하려 했다면, 엘리엇은 이 과제를 소설이라는 장르를 통해 시도했다고 평가한다. 더 나아가 엘리엇이 스피노자의 상상 개념을 둘러싼 해석의 불일치를 해소했다고 평가한다. 상상에서 해방의 희망 또는 혼란의 공포를 보는 양극단의 관점이 있다. 엘리엇은 상상의 양가적 성격을 이해하고 통합적 관점을 발전시켰다. 엘리엇은 타인 또는 세계와 정서적·인지적으로 연결되는 주요 수단으로 상상을 활용했지만, 상상만으로 도덕적 인식을 얻을 수 있다고 생각하지 않았다. 다양한 인식 방식을 구분하고 지성에 적극적으로 참여하는 것이 필요하다고 강조했다. 상상은 결함이 아니라 힘이지만, 그 힘의 한계를 이해하는 것을 잊지 않았다(Gatens, 2012).

엘리엇은 자신의 소설을 삶에 대한 실험으로 여겼다. 독자들이 가설 놀이와 같은 소설을 통해 다양한 삶의 경험을 성찰하고 조직함으로써 새로운 인식을 얻을 수 있기를 희망했다. 실제 엘리엇의 작품 속에는 스스로가 잘 이해하지 못하는 상황 때문에 혼란에 빠지는 인물들이 등장한다. 그들은 의도치 않게 타인들 속에서 변용하고 변용되며 예측할 수 없는 결과를 맞닥뜨린다. 그 과정에서 기성의 종교와 도덕의 문제를 깨닫고 스스로가 내린 선택의 결과를 성찰하며 점진적으로 해결책을 개발해 간다. 이때 그들을 돕는 것은 신이 아니라 동료 인간이며, 윤리를 구축하는 주요 요소는 상상과 정서다. 엘리엇이 보기에 인간은 상상을 통해 동료에 대해 공감과 연민을 느낄 수 있다.

게이튼스는 엘리엇의 소설 ≪사일러스 마너≫를 분석한다(Gatens, 2011). 작품의 주인공인 사일러스 마너는 리

넨 직조공이다. 조용하고 평범한 삶을 살던 중 교회 공금 절도 혐의의 누명을 쓴다. 교인들은 제비뽑기를 통해 신의 심판을 구했고 마너에게 유죄가 선고된다. 결국 마너는 그가 살던 랜턴야드에서 쫓겨나듯 떠나 래블로 지방에 정착한다. 그 후로 15년 동안 사람들과 접촉하지 않고 리넨을 제작하고 판매하며 금화를 모으는 데 전념한다. 밤마다 모아 둔 금화를 세는 것을 삶의 유일한 위안으로 삼는다. 그러던 중 하룻밤에 금화 전부를 도난당하는 또 한 번의 비극을 겪는다. 절망한 마너에게 찾아온 것은 되찾기를 바란 딱딱한 금화가 아니라 부드러운 금발 곱슬머리를 가진 아이 에피다. 마너는 고아 에피를 키우며 경이로운 감정을 느낀다. 학식이 높지 않지만 의무감이 깊은 이웃 돌리 윈스롭 부인도 마너를 찾는다. 윈스롭이 보여 준 동정심 덕에 과거의 상처를 회복한다. 결국 마너는 사람들과의 관계 속에서 신뢰를 회복하고 진정한 행복을 얻는다. "모든 순수한 평화와 기쁨과 더불어 인간에 대한 신뢰 그리고 세상만사를 주재하는 선을 의식하게 되었다."(엘리엇, 2012: 260)

이렇게 이 작품은 한 인물이 공동체에서 추방당해 절망하고 인간성을 상실했다가 결국 구원받고 공동체 의식을 회복하는 구조를 띤다. 게이튼스는 이 이야기를 구약성경의 < 욥기 >와 비교한다. 욥과 마찬가지로 마너는 사랑하는 사람과 재산, 인간다운 생활 등 인생 전부를 상실했다. 하지만 욥과 달리 마너가 모든 것을 되찾게 되는 것은 초월적 신이 아니라 인간의 동정심과 사랑의 힘을 통해서다.

작품 초반 마너는 자신에게 유죄를 선고한 제비뽑기 방식이나 종교적 관행을 문제 삼기보다는 신을 비난했다. "이 세상을 공정하게 지배하는 의로운 신 따위는 없고, 무고한 사람에게 불리한 증언이나 하는 거짓 신만 있다." 엘리엇은 마너가 "종교적 감정과 그 감정을 취하는 형식을 구분하는 이성적 능력이 부족했다"고 논평한다(엘리엇, 2012: 20-21). 마너는 자신을 지배하는 종교와 도덕에 회의를 느꼈다. 하지만 전통적 서사가 불안정해진 틈을 타 이웃에 대한 사랑이 들어온다. 마너는 삶의 다양한 변용을 겪고 기쁨을 주는 이들과 만나며 결국 도덕적 지혜를 얻는다. 마너는 다른 사람들 그리고 세계와 또 다른 방식으로 연결되며 새로운 통찰을 얻는다. 작품 말미에 마너는 과거에 살던 랜턴야드 지방을 다시 찾는다. 하지만 옛 흔적은 사라졌고 도난 사건의 진상과 유죄를 판별하는 제비뽑기의 의미를 밝혀낼 수 없었다. 마너는 이 사실에 실망하지 않고 말한다. "에피가 제게 온 뒤로, 제가 이 아이를 제 몸처럼 사랑하게 된 이후로 저는 온전한 신앙의 빛을 얻었어요. 그리고 이제 이 아이가 제 곁을 떠나지 않겠다고 하니 죽는 날까지도 신앙

이 이어질 겁니다."(엘리엇, 2012: 327)

≪사일러스 마너≫는 종교적 믿음, 이웃 간 신뢰, 공동체의 본질을 숙고하게 하는 허구다. 엘리엇은 성경의 비유나 격언이 아니라 주인공의 인간관계와 상호 작용이 그의 자유에 영향을 미치는 방식을 보여 준다. 소설을 읽는 독자가 이 허구를 통해 상상하고 공감하고 숙고하며 진실에 접근하기를 유도한다.

종교적 상상에서 공감적 상상으로

엘리엇이 번역했던 스피노자, 포이어바흐, 슈트라우스에게는 공통점이 있다. 종교를 비판하면서도 단순히 사라지기만 하면 되는 한낱 가상으로 취급하지 않았다는 점이다. 종교는 인간의 욕망과 정서의 특성을 이해하고 이를 이용해 대중에게 도덕적 인식을 심어 준다. 또한 대중에게 공유된 서사를 선사해 한 집단으로 묶어 낸다. 유대 국가에 대한 스피노자의 설명에서 알 수 있듯, 모세는 인간의 공포와 희망의 정념에 호소함으로써 한 법률 아래 한 국가를 만들었다. 모세는 모두가 준수할 수 있는 공통의 기준을 제공함으로써 모두가 같은 형벌을 두려워하고 같은 보상을 희망하게 했다(스피노자, 2010: 20). 종교적 교리는 사람들이 경건하고 자선적으로 행동할 것을 촉구한다. 이는 집단이 생존하고 성장하는 데 필수인 평화와 조화를 이루게 한다.

엘리엇은 어렸을 때 신에 대한 믿음을 잃었지만 오히려 이후에 종교적 전통에 깊은 존경심을 갖게 되었다고 고백했다. 엘리엇은 종교가 지닌 윤리적 가치를 긍정했다. 과거와 현재의 삶과 가치를 유기적으로 연결해 주는 종교의 힘을 신뢰했다. 정념에 기초한 종교적 복종은 이해에 따른 행동은 아니지만, 그러한 집단적 상상은 근절될 수 없다. 따라서 엘리엇은 노골적으로 종교를 비판하기보다 종교적 상상을 대체할 만한 상상을 구성하려 했다. 인간이 초월적 힘에 의존하지 않고도 삶의 의미와 이해를 창출할 수 있는 방식을 보여 주려 했다. 신이 아니라면, 인간은 무엇을 근거로 도덕적 가치를 경외할 수 있을까? 엘리엇은 그것이 인간의 공감적 상상과 동료애라고 보았다. 자아와 타인에 대한 이해는 공감적 상상에서 시작한다. 공감적 상상을 통해 우리는 다른 사람의 입장이 되어 그들을 완전히는 아니되 이해할 수 있다. 또한 동료애는 인간이 유일하게 품을 수 있는 보편적 유대 감정이다. 동료애를 통해 개인과 개인이 연결되고 윤리적으로 상호 작용할 수 있다. 엘리엇은 공감적 상상과 동료애가 도덕적 지혜를 얻고 더 나은 삶을 꾸려 나갈 수 있는 원동력이 된다는 사실을 소설을 통해 보여 주려 했다. 독자들이 초월적 존재나 미신적 힘의 이미지에서 벗어나 우리와 동료 인간과의 체현된 관계를 이해하기를 바랐다. 우리의 믿음과 헌신의 진정한 대상은 신이 아니라 우리의 동료 인간이다(Gatens, 2009b).

스피노자에게 인식 양식은 곧 존재 양식이다. 게이튼스는 엘리엇의 소설이 세계를 인식하는 특정한 방식과 세계에 존재하는 특정한 방식이 어떻게 상호 연관되어 있는지를 보여 준다고 평한다. 진정한 윤리적 인식은 체현된 인식으로, 우리의 신념은 항상 특정한 삶의 방식에 내재되어 있다. 다르게 사유한다는 것은 다르게 존재한다는 것이다. 자신을 다르게 상상하고 자신의 활동 역량을 다르게 이해하고 타자와의 관계를 다르게 구성하는 것은 다른 존재가 되는 일이다. 게이튼스가 보기에 엘리엇의 소설은 독자들이 자신과 타인, 상황을 상상하는 방식에 자기 의식적으로 개입할 수 있게 한다. 이를 통해 독자는 지배적인 사회적 상상계에 도전하고 그것을 개혁하며 더 포용적이고 더 윤리적인 삶을 살 수 있다. 엘리엇의 허구는 인식 양식과 존재 양식에 관한 스피노자의 원칙을 숙고하게 하는, 덜 어렵고 덜 드문 고귀한 길이다.

참고문헌

베네딕투스 데 스피노자 지음, 황태연 옮김(2010). ≪신학정치론≫. 신아출판사.

조지 엘리엇 지음, 한애경 옮김(2012). ≪사일러스 마너≫. 지식을만드는지식.

Bignall, S.(2019). Re-visioning Benedict de Spinoza and George Eliot through the work of Moira Gatens. *Parrhesia, 30*, pp. 69-87.

Gatens, M.(2007). The 'Disciplined Imagination'. *Australian Feminist Studies, 22*(52), pp. 25-34.

Gatens, M.(2009a). Spinoza's Disturbing Thesis: Power, Norms and Fiction in the Tractacus Theologico-Politicus. *History of Political Thought, 30*(3), pp. 455-468.

Gatens, M.(2009b). The Art and Philosophy of George Eliot. *Philosophy and Literature, 33*, pp. 73-90.

Gatens, M.(2009c). The Curious Empiricism of George Eliot's Literary Experiments. *Philosophy Today, 53*, pp. 19-27.

Gatens, M.(2011). *Spinoza's hard path to freedom*. Royal Van Gorcum.

Gatens, M.(2012). Compelling Fictions: Spinoza and George Eliot on Imagination and Belief. *European Journal of Philosophy, 20*(1), pp. 74-90.

Gatens, M.(2013). Cloud-Borne Angels, Prophets and the Old Woman's Flower Pot: Reading George Eliot's Realism alongside Spinoza's 'Beings of the Imagination'. *Australian Literary Studies, 28*(3), pp. 1-14.

08

남성인 근대 정치체

게이튼스는 근대 정치체를 남성 신체 이미지의 재현으로 본다. 이는 여성과 다른 타자를 배제한다. 남성이라는 하나의 신체를 재현하는 정치는 하나의 보편을 자처하는 윤리로 이어진다. 게이튼스는 근대 정치체에 맞게 신체들을 개조하기보다 다양한 신체를 재현하도록 정치체를 개조할 것을 주장한다. 다양한 신체들을 진정한 타자로 대하고 그들과 관계 맺는 차이의 윤리학을 요청한다.

근대 정치체의 성별

게이튼스는 근대 정치체를 인간 신체의 재현물로 본다(게이튼스, 2021: 61-74). 근대 정치체라는 말에서 드러나듯 현재의 국가는 여러 신체로 구성된 복합적 신체이자 근대라는 특정 시대의 산물로 체현된 것이다. 정치 조직, 군대, 법률, 교육 기관 등 사회 제도는 기계적으로 작동하며 하나의 신체 안에서 서로 연결되고 맞물린다. 이 조직체들은 자신을 탄생시킨 시대를 반영하되 시간이 흐르면서 변모하기도 한다.

정치체가 인간 신체를 '재현'한다는 표현에는 두 가지 의미가 있다. 먼저 정치체는 인간 신체를 이미지나 모델로 사용하는 인공적 작업으로 구축된다. 여기서 신체의 은유는 '유비'에 쓰인다. 토머스 홉스(Thomas Hobbes)는 ≪리바이어던(Leviathan)≫에서 인간 신체의 부분과 기능 그리고 정치체의 부분과 기능을 세밀하게 조응시켰다. 예컨대 주권자는 인공적 영혼이며 치안판사와 사법부의 행정관리는 인공적 관절이고, 보상과 처벌은 자연적 신체의 신경과 같은 일을 한다는 식이다(홉스, 2008: 21-22). 홉스는 자연적 인간이 자신을 보호하고 방어하기 위해 인공적 인간을 창조했다고 주장한다. 그렇다면 과연 무엇으로부터 보호가 필요한 것일까? 이는 '재현'의 두 번째 의미로 이어진다.

정치 조직체에 의해 재현될 자격이 있는 것은 누구의 신체인가? 다양한 신체들로 이루어진 집단을 대표할 수 있는 것은 어느 신체인가? 바로 남성의 신체다. 여기서 은유는 '환유'에 쓰인다. 정치체를 창조한 '신의 선언'과 같은 명령은 남성들 간에 맺은 계약과 협약을 가리킨다. 따라서 남성들이 창조해 낸 '리바이어던'을 여성과 자연이라는 위험으로부터 보호할 필요가 있다. 여성들은 정치체로 이행하지 못했기에 자연으로 머문다. 여성들은 계약을 맺지 못한 채 인공적 인간의 일부가 되어 신체 기관들의 필요를 제공할 뿐이다. 여성들의 공헌은 인정되지 않기 때문에 인공적 인간은 마치 자율적 정치체인 듯 보인다. 인공적 인간은 통합을 통해 단일성을 유지하기에, 여성들의 존재 같은 다양성과 차이를 인정할 필요가 없다.

게이튼스는 근대 정치체가 인간 신체, 그것도 남성 신체를 재현한다는 사실을 증명한다. 한 신체의 재현은 다른 신체들의 배제를 의미한다. 게이튼스는 근대 정치체가 함축하는 이성과 윤리 역시 중립적이지 않고 남성적 특성을 지닌다고 주장한다. 차이는 정치적 수준과 윤리적 수준 모두에서 억압되었다.

하나의 신체, 하나의 이성, 하나의 윤리

근대 정치체는 남성 신체 이미지에 기초하며 남성 신체의 가치와 역량에 대한 환상을 반영한다. 이러한 게이튼스의 분석은 다음과 같은 정치적·윤리적 의미를 함축한다.

첫째, 정치적 전략을 재고하게 한다. 근대 정치체는 하나의 신체를 재현하는 조직으로, 이 조직의 부분을 구성하는 여러 기관, 제도, 법률 등의 신체들은 이를 뒷받침하고 유지하는 데 복무한다. 이 체계들 속에서 중립적 신체는 남성적 신체이며, 성별은 여성만 띠는 것처럼 다루어진다. '인류'는 보편적 유형, 보편적 신체를 재현한다고 자임하지만 그 원형은 남성이다. 여성은 종종 동물화되거나 그의 성으로 환원된다. 더 나아가 여성의 말은 인간이 아닌 동물의 비이성적 울부짖음에 불과해지고, 여성은 단지 자궁이 있는 히스테릭한 존재가 된다.

근대 정치 조직들이 남성 신체에 걸맞게 구성되었다면 여성 신체와는 상응하지 않을 것이다. 이는 종종 여성 신체는 무능하다거나 공적 영역에 부적합하다는 결론으로 이어진다. 여성 신체가 정치체에 진출하려면 남성 신체처럼 되어야 한다. 물론 이는 지난 시대의 이야기다. 현대 사회에서는 남성뿐 아니라 여성을 포함한 다양한 신체들의 권리가 보장된다. 하지만 이것이 근대 정치체가 다형적 정치체로 변모했음을 의미하지는 않는다. 정치체가 변형되었다기보다 하나의 신체가 확장되었다고 보는 것이 정확하다.

따라서 게이튼스는 이 하나의 남성적 신체에 동참하자고 제안하지 않는다. 그러한 동참은 미리 정해진 지위와 권력에 접근하기를 요할 뿐 그러한 지위와 권력이 어떻게 형성되었는지에 대해 침묵하게 한다. 동일한 사회적 공간을 서로 다른 신체들이 어떻게 어떤 방식으로 다르게 점유하게 되었는지 놓쳐서는 안 된다. 따라서 게이튼스는 근대 정치체를 그대로 둔 채 시민의 범주를 확장하기보다 근대 정치체와 남성 신체의 관계를 폭로하고 그 구성의 역사를 되짚고 재구축하자고 제안한다. 근대 정치체에 맞게 다양한 신체를 개조하는 것이 아니라 다양한 신체를 재현하도록 정치체를 개조해야 한다.

둘째, 새로운 윤리를 정립하게 한다. 근대 정치체가 재현하는 윤리는 보편을 자처한다. 하지만 이때 윤리는 특정 집단의 욕망 또는 이해관계에 의해 구성된 것이다. 우리의 필요와 욕망은 특정한 사회적 맥락에서 발전하며 우리의 윤리 역시 시대적·사회적·집단적으로 구성된다.

이마누엘 칸트(Immanuel Kant)는 자율적 의지에 의해 산출되고 이성이 지시하는 보편적 원리로서의 윤리를 제시한다. 이와 달리 스피노자는 이성이 보편적 이념이 아니라 특정한 신체적 실존의 긍정으로 체현된 것이라 본다. 추상적 개인이나 공통된 윤리라는 통념은 '보편적 원리를 제시하는 정신과 특수한 형태를 띠는 신체'라는 이원론에서 비롯한다. 반면 스피노자에게 정신과 신체는 두 가지 구별되는 실체가 아니다. 스피노자의 윤리는 신체의 기쁨과 권력의 증진과 관련된다. 각 신체는 특정한 맥락에 처해 특정한 욕망과 자기 이해를 지닌다. 이는 하나의 신체와 다른 신체 간의 환원 불가능한 차이를 낳는다. 이처럼 공통된 신체가 부재하다면, 공통된 이성이나 공통된 윤리 또한 부재하다. 정치와 윤리는 항상 다양한 형태로 체현된다.

윤리학은 보편적인 것을 내세우기보다 여러 신체들이 각자 자신의 권력과 역량을 강화하는 방식을 추구해야 한다. 게이튼스는 다양한 체현 형태의 역사적 성격을 밝히고, 다양한 신체들을 진정한 타자로 대하고 그들과 관계 맺는 차이의 윤리학을 요청한다(게이튼스, 2021: 198-204).

차이의 윤리학

게이튼스는 정치체의 편향성을 문제 삼고 새로운 정치와

윤리를 고찰하는 데 신체 이미지를 활용한다. 근대 정치체와 남성 신체 이미지의 동형성을 입증하고 다양한 신체들의 욕망이 반영되는 윤리를 요청하는 식이다. 이는 '여성 또는 남성'이라는 이분법적이고 폐쇄적인 신체 이미지를 활용한다는 오해를 불러일으킬 수 있다. 하지만 게이튼스는 신체 이미지가 오히려 다원적이며 그 발생이 유연하다고 본다. 남성과 여성 신체의 이미지가 현재와 같은 방식으로 고정된 과정을 추적하고 다형적 신체 이미지를 복원하려 한다.

게이튼스의 논의에서 신체 이미지의 다양성이 중요한 까닭은 그의 논의가 하나의 신체를 두 개의 신체로 대체하려는 시도가 아니며 두 개의 섹스, 두 개의 젠더라는 규범적 이원론에 갇힌 담론도 아니기 때문이다. 다양한 신체 유형들 그리고 그 권력과 쾌락을 긍정하는 것은 차이를 표현하는 데 필요한 새로운 조건들을 창조한다. 이에 따라 우리의 윤리적 관계들 역시 다변화할 수 있다.

추상적 개인의 보편적 윤리라는 전제는 구체적이고 다양한 신체들을 그에 종속시킨다. 평등에 대한 강조는 자칫 보편적 인간 유형을 그대로 둔 채 누가 권력을 가지며 누구에게까지 권리를 허용할지의 문제로 빠지게 할 수 있다. 게이튼스의 말대로 근대 정치체가 남성적 신체의 재현이라면 평등한 권리 보장은 남성 신체와의 동일성을 수행할 수 있는 능력에 따라 이루어질 것이다. 반면 차이의 윤리는 각기 다른 신체들을 동일자의 열등한 범주로 평가 절하하지 않고 그 자체로 긍정한다. 여기서 '차이'는 성적 중립으로 여겨지는 평등의 반대급부로서 이분법적 차이가 아니며, 본질적으로 생물학적인 성별들의 차이도 아니다. 게이튼스는 도리어 신체들이 특정 자질을 소유하거나 결핍한 것으로 구성되는 한에서만 차이가 인식되는 것을 문제 삼는다. 차이는 생물학적 사실이 아니라 문화가 신체들을 표시하는 방식과 관련된다. 신체들은 문화 속에서 재창조되고, 그 특정한 필요와 욕망은 윤리적 가치들에 반영된다. 이것이 차이가 작동하는 방식이다. 이러한 차이가 인정되는 타자들과의 관계가 현재의 정치적이고 윤리적 삶을 재구성할 것이다.

참고문헌

Gatens, M.(1995). *Feminism and Philosophy: Perspectives on Difference and Equality*. Polity Press.

Gatens, M.(1996). *Imaginary Bodies: Ethics, Power and Corporeality*. Routledge. 조꽃씨 옮김(2021). ≪상상적 신체≫. 도서출판b.

Hobbes, T.(1968). *Leviathan*. Penguin. 진석용 옮김(2008). ≪리바이어던: 교회국가 및 시민국가의 재료와 형태 및 권력≫(전2권). 나남.

09
성차와 법

스피노자에 따르면 모든 개체의 권리는 그 권력이 미치는 데까지 확장된다. 게이튼스는 스피노자의 정치철학을 활용해 공동체의 다양한 존재들의 권리가 인정되고 그 권력에서 합치에 이를 수 있는 방식을 모색한다. 여기서 법은 통제를 위한 강제적 기구가 아니다. 공동체의 자기 이해 표현으로 구성원들의 역량 증진을 목적으로 삼는다. 게이튼스는 현재 법률에 체현된 성차별적 태도를 비판한다.

'권리는 권력만큼 확장된다'

게이튼스는 과거에서 이어져 온 현재 성적 관계의 윤리적 문제를 제기하기 위해 스피노자의 정치철학을 활용한다. 스피노자의 관점이 개인과 공동체, 법과 책임에 관한 새로운 시각을 제공하기 때문이다.

스피노자는 ≪정치론≫에서 "모든 개체의 자연적 권리는 그것의 권력이 미치는 데까지 확장된다"고 말한다(스피노자, 2020: 63). 스피노자 연구자 에드윈 컬리(Edwin Curley)는 이 명제를 불온한 테제라고 명명한다(Curley, 1996: 318). 컬리는 스피노자가 국가 권력의 한계에 대해 너무 안일한 것은 아닌지 의문을 제기한다. 전제적 정부를 비판하기에는 이론적 근거가 부족하다는 점을 스피노자 정치철학의 결함으로 지적한다. 권리와 권력의 동등성 주장은 국가 주권과 정치적 정의에 대한 고전적 개념을 혼란스럽게 한다. 하지만 게이튼스는 이를 오히려 스피노자 윤리학과 정치학의 독창성을 보여 주는 근거로 활용한다(Gatens, 2009a).

스피노자가 말하는 신체는 여러 가지 다른 신체로 구성된 복합적 개체다. 인간 신체의 구성 요소들은 끊임없이 환경과 상호 작용하기 때문에, 신체는 완결된 것이 아니다.

신체는 지속적으로 다른 신체들에 의해 합성·재합성·분해될 수 있다. 다른 신체들과의 만남은 신체 특유의 체질에 이로운지 또는 해로운지에 따라 좋거나 나쁘다. 자신과 일치하는 다른 신체들과 결합하는 관계 속에서 신체는 번영하며 그 권리를 확장한다. 윤리적 관점에서 덕은 좋은 습관의 함양보다 자신의 존재 속에서 지속되려 하는 권력과 관련된다. 각 신체는 자신의 권력을 증가시키는 신체와는 결합하고 자신의 권력을 감소시키는 신체는 피하려 한다. 좋은 마주침을 조직해 자신의 권력을 확장하려 하는 능동성이 곧 자유다. 자신의 존재를 지속하기 위해 활동을 행하는 권력은 자유와 덕을 표현한다. 스피노자는 덕과 권력을 거의 동일한 것으로 이해한다(≪윤리학≫ 4부 정의 8).

권리와 권력이 동등하다면, 국가의 주권자 역시 자신이 원하는 대로 할 수 있는 권력으로 자신이 원하는 대로 할 권리가 있다. 스피노자에게 인간 권력의 본질은 자신과 타인 그리고 자연을 이해하는 데 있다. 그렇다면 가장 강력한 국가는 시민들의 역량을 이해하고 가능한 한 많은 시민들의 역량을 최대한 발휘하고 발전시킬 수 있는 방식으로 스스로를 구성할 것이다. 공포와 처벌을 통해 통치하는 국가는 시민의 역량 발전을 방해한다는 점에서 권력이 부족하다. 국가의 권력은 권력의 양이 아니라 권력의 질 그리고 시민들의 완전성을 증가시키는 역량의 관점에서 평가해야 한다. 전제적 정부는 국가가 인간의 자연적 권리를 보존하는 것임을 이해하지 못한 데서 생겨난다. 시민의 자연적 권리에 대항하는 정부는 자신의 권력이 미치지 않는 권리를 주장하는 것이므로 스스로 파멸을 초래할 것이다. 나쁜 정부는 자신의 파멸에 책임이 있다.

게이튼스는 스피노자의 정치학이 인간관계를 효용이나 포획이 아니라 사회관계와 공동체의 측면에서 사고하게 한다는 들뢰즈의 평가에 주목한다(Gatens, 2009b). 들뢰즈는 묻는다. "관계들은 직접적으로 결합해 더욱 확장된 새로운 관계를 형성할 수 있는가? 또는 역량들은 직접적으로 결합해 더욱 강력한 역량이나 권력을 구성할 수 있는가? … 사회관계의 다양한 유형에는 무엇이 있는가? 인간 사회와 이성적 존재들의 공동체 간 차이는 무엇인가?"(들뢰즈, 2001: 187) 전통적 정치철학은 개인들이 상호 관계에서 얻는 효용이나 타인에 대해 행하는 포획에 초점을 맞췄다. 여기서 법은 사회적 통제를 위한 강제적 기구였다. 반면 스피노자는 권력 관계를 통해 윤리적 관계를 정립하는 길을 제공한다. 여기서 권력은 새롭고 확장된 관계 형성과 강력한 역량 구성을 위한 길을 고민하고, 공동체 구성원들의 권리가 인정되고 그 권력에서 합치에 이를 수 있는 방식을 모색한다. 여기서 법은 공동체의 자기 이해 표현이며, 구성원들의 역량 증가를 목적으로 삼아 기능한다.

역사적으로 근대 시민 정체와 여성의 역량은 효용과 포획의 차원에서 관계 맺어 왔다. 남성과 여성의 윤리적 사회관계 또는 이성적 존재자들의 공동체를 위한 결합 관계는 맺어지지 않았다. 시민 정체는 그 체현된 역사에 책임이 있다. 이 책임을 다하기 위해 우리가 어떻게 현재의 우리가 되었는지, 우리 사회의 제도와 관행의 역사를 분석해야 한다. 그러한 분석은 여성 그리고 해방되지 못한 다른 집단들에 대한 과거의 취급 방식뿐 아니라 현재 법률의 차별성을 인식할 것을 요한다. 게이튼스가 공동체의 법률 형태에 주목하는 까닭이다.

명령이 아닌 인식으로서 법

스피노자는 ≪신학정치론≫에서 자연법과 시민법을 구분한다(스피노자, 2010: 80). 자연법은 영원한 진리와 필연성을 포함하는 신의 법으로, 불변적이고 보편적이다. 자연법은 변경하거나 불복종할 수 있는 명령이 아니다. 반면 시민법은 인간이 어떤 목적을 위해 제정한 삶의 규칙으로, 가변적이고 잠정적이다. 옳고 그름, 정의와 부정의라는 통념은 오직 인간의 법에만 적용되며, 실제로 이러한 통념에 대한 규정은 공동체마다 다르다.

스피노자는 인간의 모든 혼란과 불행이 자연법을 명령 또는 법령으로 오해하는 데서 비롯한다고 보았다. 이러한 혼동의 본성을 보여 주기 위해 스피노자가 활용하는 예시는 최초의 인간 아담의 이야기다. 스피노자는 빌럼 판 블리엔베르그(Willem van Blijenbergh)에게 보낸 '편지19'에서 신은 아담에게 선악과의 독이 치명적이라는 '자연 법칙'을 알려 주었지만 아담은 이를 '도덕 법칙'으로 이해했다고 말한다(스피노자, 2019: 125). 아담의 행동은 신의 명령을 불복종했다는 점에서 악한 것이 아니다. 선악과가 아담의 신체와 나쁜 관계를 맺고 있다는 자연적 질서를 이해하지 못했다는 점에서 어리석은 것이다.

시민법은 자연법과 달리 생명 보호와 국가 안전을 위한 기획이지만, 이 역시 복종해야 할 명령이라기보다 이해의 대상이어야 한다. 스피노자에게 국가는 자신의 존재를 보존하기 위해 자기 인식을 지녀야 하는 복합체다. 법은 국가의 억압적 장치라기보다는 국가의 자기 이해의 표현이다. 국가는 시민의 정신과 신체를 발전시킬 의무가 있다. "국가의 목적은 실제로는 자유다."(스피노자, 2010: 328) 법의 목적은 시민의 정신과 신체의 역량을 증대하는 데 방해가 되지 않도록 평화와 안전을 확립하는 것이다. 좋은 법과 나쁜 법은 시민의 역량이나 덕을 개발하는 데 도움을 주는지 그렇지 않은지에 따라 구별할 수 있다. 나쁜 국가와 나쁜 법은 나쁜 시민을 형성한다.

시민의 인식과 행위 역량 증대가 법의 궁극적 목적이라면, 법에 대한 이해 없이 복종을 강요하는 국가는 능력이 부족한 국가다. 스피노자에게 단순한 복종은 인식이 아니므로 명령으로서 법은 시민 역량 발전을 억제한다. 만일 국가의 법이 개인과 공동체를 위해 만들어졌다는 것을 이해하고 따른다면 이는 직접적으로 행동하는 것이다. 반대로 보상이나 처벌과 같은 결과에 대한 희망이나 두려움의 정서로 법에 복종한다면, 이는 간접적으로 행동하는 것이다. 전자는 인식을 기반으로 한 이성적 존재들의 공동체를 구성할 것이며, 후자는 공포에 바탕을 둔 복종의 연합을 구성할 것이다.

시민들의 역량과 관계의 역사는 현재 법에 체현되어 있다. 법은 그 사회의 지배적 도덕성을 규정짓는다. 이는 사회 제도와 구성원들의 습관과 행위에 의해 영속된다. 법이 국가의 통제 장치가 아니라 자기 인식이라면, 복종의 수단이 아니라 이해의 대상이라면, 우리는 법이라는 거울을 통해 현재 우리 사회를 비추어 보게 된다. 현재 우리 사회의 법과 제도는 전체 시민의 역량 강화에 기여하고 있는가? 다양한 타자들의 권력 합치를 목적으로 하고 있는가?

게이튼스는 호주에서 실제 벌어진 성범죄와 이에 대한 법적 판결을 상세히 분석한다(게이튼스, 2021: 260-269). 예컨대 부부강간죄를 다투는 재판에서 폭력을 성관계를 유도하는 설득으로 간주한 판사의 논평 등을 다룬다. 사법부는 강간 범죄를 심사하며 종종 성차별과 이성애주의의 규범적 태도를 드러낸다. 시민의 권리에서 여성을 배제해 온 역사는 현재 법률에 체현되어 있다. 이들 법률은 여성들의 특수한 삶과 전체 맥락을 이해하는 데 여전히 한계가 있다. 게이튼스는 여성들의 다양한 경험을 법적·사회적·정치적 삶의 모든 층위에서 재현함으로써 오래 지속돼 온 편향된 성적 상상계를 재조정할 것을 제안한다.

현명한 정체는 여성을 포함한 다양한 신체들이 권력에서 조응하는 사회관계를 모색할 것이다. 이는 공동체의 법을 명령이 아닌 모두를 위한 필연성으로 이해하고 개인과 공동체 전체의 책임을 공유하는 일로 가능해질 것이다.

참고문헌

베네딕투스 데 스피노자 지음, 황태연 옮김(2010). ≪신학정치론≫. 신아출판사.

베네딕투스 데 스피노자 지음, 이근세 옮김(2019). ≪스피노자 서간집≫. 아카넷.

베네딕투스 데 스피노자 지음, 공진성 옮김(2020). ≪정치론≫. 길.

Curley, E.(1996). Kissinger, Spinoza and Genghis Khan. In Don Garrett, D.(ed.). *The Cambridge Companion to Spinoza*, pp. 315-342. Cambridge University Press.

Deleuze, G.(1988). *Spinoza: Practical Philosophy*. Hurley, R.(trans.). City Lights. 박기순 옮김(2001). ≪스피노자의 철학≫. 민음사.

Gatens, M.(1996). *Imaginary Bodies: Ethics, Power and Corporeality*. Routledge. 조꽃씨 옮김(2021). ≪상상적 신체≫. 도서출판b.

Gatens, M.(2009a). Spinoza's Disturbing Thesis: Power, Norms and Fiction in the Tractacus Theologico-Politicus. *History of Political Thought, 30*(3), pp. 455-468.

Gatens. M.(2009b). The Politics of the Imagination. In Gatens, M.(ed.). *Feminist interpretations of Benedict Spinoza*, pp. 189-209. University of Pennsylvania Press.

Gatens, M. & Lloyd, G.(1999). *Collective Imaginings: Spinoza, Past and Present*. Routledge.

10
체현된 책임

페미사이드의 직접적이고 구조적인 원인은 우리 사회에 퍼져 있는 여성에 대한 특정한 태도에 있다. 게이튼스는 책임의 소재를 개인에서 집단으로 옮긴다. 개인과 사회 제도 그리고 관행의 관계를 다시 고찰한다. 시민적 권리에서 여성을 배제해 온 역사는 법률과 제도에 체현되어 여성 삶의 조건에 영향을 미친다. 게이튼스는 현재의 불평등한 관계를 유지하는 데 복무하는 젠더 규범의 편파성을 지적한다.

잘못은 공동체에게도 있다

'페미사이드(femicide)'라는 용어는 전 세계적으로 벌어지는 여성 살해를 포착한다. 다이애나 러셀(Diana Russell)과 질 래드퍼드(Jill Radford)는 페미사이드를 "남성에 의한 여성혐오적 여성 살해"(러셀·래드퍼드, 2018: 21)라고 정의한다. 한국에서는 2016년 강남역 살인 사건 이후로 "여자라서 죽었다"는 구호가 전면에 내걸렸다. 유럽을 비롯해 호주와 멕시코 등 세계 전역에서 여성혐오 범죄에 항의하는 대규모 시위가 벌어지고 있다. 남성 가해자 대 여성 피해자라는 구조가 가능한지, 범죄의 근본을 여성이라는 섹스 또는 젠더로 환원할 수 있는지 다양한 논쟁이 이어진다. 이에 게이튼스는 범죄를 개인의 일탈 행위로 취급하기보다 그 행위가 벌어진 공동체의 구조를 심문하는 방식으로 접근한다. 범죄자에 대한 집단적 분노와 같은 정념은 범죄 행위가 벌어진 원인보다는 결과 자체에 초점을 맞춘다. 반면 우리가 맺고 있는 사회관계의 유형을 추적하는 것은 문제의 근본 원인에 집중하는 것이다. 이렇게 보면 페미사이드의 직접적이고 구조적인 원인은 우리 사회의 법률과 관습에 체현된, 여성에 대한 특정한 태도에 있다.

통상 개인은 선택과 책임의 유일한 소재지다. 전통적으

로 개인은 행위의 결과가 예상 가능한 가운데 자신의 자유의지를 통한 선택에 책임을 진다는 점에서 윤리적 존재다. 하지만 게이튼스는 책임의 소재를 개인에서 집단으로 옮긴다. 이는 단지 책임의 규모를 확장하려는 것이 아니다. 이를 통해 개인과 사회 제도 그리고 관행의 관계를 다시 고찰하려는 것이다. 개인은 자신이 하지 않은 일에 대해, 더 나아가 자신이 속한 사회에 대해 책임이 있다. 여기서 주된 역할을 하는 것은 행위의 결과를 예상하는 이성 그리고 개인의 가정된 자유의지가 아니다. 상상과 정서다.

개인은 홀로 존재할 수 없다. 항상 다른 이들과 연결되어 있다. 우리의 정체성은 우리가 서로 공동체적 유대를 맺고 있다는 상상 속에서 형성되며, 우리가 상호 작용하는 방식은 과거의 방식을 반영한다. 스피노자가 ≪윤리학≫에서 정서를 탐구한 바대로 우리는 우리의 존재를 강화하거나 약화하는 존재들과의 관계 속에서 기쁨과 슬픔을 느끼며 살아간다. 게이튼스는 이러한 상상적이고 정서적인 정체성 형성 과정을 강조한다. 이것이 현재 우리의 모습을 이해하고 새로운 책임 통념을 생성하게 하기 때문이다(Gatens & Lloyd, 1999: 74).

개인은 개별적 존재로 온전히 자신의 행위에만 책임을 지는 것이 아니다. 우리는 우리보다 앞서고 우리를 포함하는 공동체 속에서 살아간다. 과거가 현재에 어떻게 지속되고 있는지 이해하면 현재의 우리를 형성하게 한 과거에 대한 책임을 고찰할 수 있다. 우리의 주체성이 시간적·공간적으로 확장되면 우리의 책임 역시 현재를 포함하는 과거까지 그리고 개인을 형성하는 사회관계까지 확대된다.

여성에 대한 범죄 행위는 그러한 행위가 벌어진 사회의 본성을 반영한다. 개별 범죄 행위는 법과 제도 그리고 그 인식이 자리 잡은 사회 구조 속에서 이루어진다. 범죄는 여성을 대하는 우리 사회의 지배적인 사회적 신념과 실천을 반영한다. 따라서 개인이 저지른 행위라고 해서 공동체의 책임이 면제될 수 없다. 범죄자를 공동체의 나머지와 분리하는 것은 죄인과 우리 사이에 거리와 차이를 만드는 것이다. 우리는 개인이 한 일 때문이 아니라 현재 우리의 존재 모습 때문에 과거에 대한 책임이 있다. 그 책임을 묻기 위해 게이튼스는 근대 시민 정체와 여성들이 맺어 온 관계의 역사를 추적한다.

편파성 규범으로서 젠더

근대 시민 정체는 특정한 정치경제적 남성 집단들에 의해 설립된 후 여성과 다른 타자들을 배제해 왔다. 여성이 시민 정체와 잠정적 관계만을 맺은 역사는 법률과 제도적 실천 속에 체현되어 있다. 이는 현재 여성의 결혼, 육아에 관련한 사회적 배치, 경제적 지위 등에 영향을 미친다. 역사적 남성과 여성의 차이는 제도에 체현되어 개인이 살아가고 행동하고 대우받는 방식을 규정한다.

게이튼스는 젠더를 "이분법적으로 성별화된 주체의 형성을 규제하는 규범들의 집합"으로 이해한다(Gatens & MacKinnon, 1998: 2). 성차는 젠더 규범의 결과이며, 가족은 젠더 규범을 구성하는 가장 대표적 제도다. 제도란 행동 규범에 대한 공유된 기대치를 형성해 개인에게 여러 정보들을 처리해야 하는 인지적·정서적 부담을 덜어 준다. 가족 제도는 성별에 따른 역할과 규범적 기대치를 조직해 구성원들에게 성 적합 행위의 근거와 안정성을 제공한다.

게이튼스는 젠더 규범의 제약이 남녀 모두에게 미치지만 그 혜택은 남성만 받는다고 주장한다. 즉 젠더 규범은 편파성을 띠는 규범이다(Gatens & MacKinnon, 1998: 5). 편파성을 띠는 규범은 불평등을 선호하는 집단의 이익을 위해 불평등 현상을 유지하는 데 이바지한다. 젠더 규범 역시 한 편의 유리한 위치가 지속되도록 현재 상황이 권력 행사의 결과라기보다 마치 자연적 질서인 듯 제시된다. 예컨대 가족 제도는 사회적이고 정치적인 발명품이라기보다 시대를 초월하고 역사적으로 자연스러운 것으로 간주된다. 가족 제도는 영속적인 것처럼 보이지만 실상 가족 제도가 젠더 규범을 영속적인 것으로 만든다. 여기서 문제는 그 속에서 젠더 규범의 편파성이 가려진다는 점에 있다. 남성적 규범과 여성적 규범이라는 두 가지 규범이 있는 것이 아니라 사실상 불평등한 하나의 기준만 있다. 예컨대 낙태를 금지하는 법률, 육아는 사적 문제라는 규범적 기대 등은 체현된 남성과 여성에게 차별적으로 영향을 미친다. 하지만 이는 남성과 여성 모두에게 마치 공평한 규범인 듯 적용된다. 불평등이 체현된 성차 규범은 모든 유형의 인간에게 마치 보편적인 규범인 듯 작용한다. 따라서 게이튼스는 제도와 법률에서 가정하는 추상적 개인 개념에 의문을 제기한다. 성차는 용이한 논의를 위해 제거될 수 있는 특성이 아니며, 젠더는 개인이 제도와 관계 맺는 방식에 영향을 미치는 체현된 차이다. 규범은 보편적이고 공정한 것으로서 인간이라는 추상적 존재에 적용되지만, 실제로는 성차를 기각하고 편파적으로 수혜 당사자에게만 이바지한다.

과거의 역사와 관행은 현재의 제도와 규범에 내재되어 있다. 한 제도에 내재된 남성의 우위와 여성의 불이익은 다른 모든 제도에 영향을 미친다. 젠더 규범은 가족, 사법,

의료, 교육, 법, 노동 시장 등과 같은 제도와 이것이 만들어내는 다양한 담론, 관습, 습관에 의해 지속된다. 사회적 권력은 단편적인 것이 아니라 촘촘하게 연결된 네트워크를 통해 작동한다. 여성에 대한 지배적인 사회적 습관이나 신념은 지속적으로 수행되고 재생산됨으로써 현재 여성의 구체적인 실존적 조건을 형성한다.

시민권의 역사에는 타자들을 배제해 온 역사가 있다. 그 배제의 흔적이 법률, 관습, 습관 등에서 완전히 지워졌다는 것은 순진한 믿음이다. 이러한 체현된 역사는 코트처럼 벗어던질 수 있는 것이 아니다. 단, 시민 정체의 법과 제도는 시간에 따라 다양한 영역의 변화 욕구와 충돌할 수 있다. 실제 여성의 역량 발전과 변화는 공동체와 공동체 법률이 긍정하는 관념을 변경하게 한다. 여성과 타자들을 대해온 과거의 의미는 무엇이며 그러한 과거를 행해 온 우리란 무엇인지 이해하는 것은 또한 다른 무언가가 되는 것을 가능하게 한다. 공동체의 과거와 그 흔적은 하나가 아니라 다양한 방식으로 해석될 수 있다. 이는 우리가 하나가 아니라 다양하게 구성될 수 있다는 뜻이기도 하다. 공동체는 현재 자신의 모습을 이해하고 관계들을 조정할 책임이 있다.

참고문헌

다이애나 E. H. 러셀·질 래드퍼드 지음, 전경훈 옮김(2018). ≪페미사이드≫. 책세상.

Gatens, M.(1996). *Imaginary Bodies: Ethics, Power and Corporeality*. Routledge. 조꽃씨 옮김(2021). ≪상상적 신체≫. 도서출판b.

Gatens, M. & MacKinnon, A.(eds.)(1998). *Gender and Institutions: Welfare, Work and Citizenship*. Cambridge University Press.

모이라 게이튼스(Moira Gatens, 1954~)

호주의 철학자. 시드니대학교 철학과 교수. 주된 연구 분야는 사회·정치 철학과 페미니즘이다. 스피노자의 이미지, 상상, 허구 개념 등을 재해석한 것으로 국제적으로 명성이 높다. 철학과 페미니즘의 관계, 신체 철학, 제도와 이를 체현하는 개인, 권리와 규범 이론 등 다양한 주제로 연구 성과를 냈다. 현재 조지 엘리엇의 문학과 비문학에 대한 혁신적 해석에 기반해 실천으로서 철학을 다시 개념화하는 작업을 수행하고 있다. 저서로 ≪페미니즘과 철학: 차이와 평등에 관한 관점≫(1991), ≪상상적 신체: 윤리학, 권력, 신체성≫(1996), ≪스피노자의 자유를 향한 험난한 길≫(2011) 그리고 제너비브 로이드와 함께 집필한 ≪집단적 상상: 스피노자, 과거와 현재≫(1999)가 있다. 엮은 책으로 ≪젠더와 제도: 복지, 노동, 시민권≫(1998)과 ≪스피노자에 관한 페미니즘적 해석≫(2009)이 있다.

조꽃씨

경희대학교 철학과를 나왔다. 서강대학교 철학과 석사 과정에서 스피노자와 현대 프랑스 철학을 공부하고 "스피노자의 심신론에 관한 윤리학적 해석"으로 학위를 받았다. 모이라 게이튼스의 ≪상상적 신체: 윤리학, 권력, 신체성≫(2021)과 디네시 와디웰의 ≪동물과의 전쟁≫(근간)을 번역했다. 주요 관심사는 스피노자 철학과 신유물론 페미니즘이다. 인간과 비인간 사이의 물질적 관계에 대한 연구 그리고 관련 번역 작업을 지속하려 한다.